Regina Bormann

Sommer

in der 1. und 2. Klasse

Materialien für den Unterricht
Hase und Igel®

www.hase-und-igel.de

Lektorat: Monika Burger
Layout: Margit Kick
Illustrationen: Petra Dorkenwald
Druck: Köppl und Schönfelder GmbH, Augsburg

ISBN 978-3-86760-804-6
2. Auflage 2008

Vorwort

Sommer, Sonne, Ferien? Noch nicht ganz. Bevor es so weit ist, sollten Sie diese eher entspannte Phase im Schuljahr mit Ihren Schülern noch für das intensive Erleben dieser schönen Jahreszeit nutzen.

Auch wenn in der Natur jetzt keine großen Veränderungen stattfinden, so hält der Sommer mit seinen hohen Temperaturen, den wärmenden Sonnenstrahlen, den satten Farben und allem, was sich in dieser schönen Jahreszeit machen lässt, viel für den Unterricht bereit.

Unter Berücksichtigung zentraler Lehrplanthemen der ersten und zweiten Klasse werden zahlreiche Aspekte des Sommers aufgegriffen und vertieft. Zu jedem Thema gibt es im Sinne des fächerübergreifenden Lernens zahlreiche Angebote für handlungsorientierte Aktivitäten und ganzheitliches Erleben. Die Unterrichtsmaterialien sind speziell auf die Fähigkeiten von Kindern dieses Alters abgestimmt. Kopiervorlagen, bei denen Selbstkontrolle möglich ist, eignen sich auch für den Einsatz in der Freiarbeit.

- Im ersten Kapitel wird die Sommerzeit am Beispiel einiger Lieder und Sprachspiele ganz allgemein thematisiert. Auch das Thema Verreisen bildet einen wichtigen Schwerpunkt.

- Das zweite Kapitel befasst sich mit dem Lebensraum Wiese im Sommer. Dabei stehen die Gräser im Mittelpunkt, die jetzt auf den Wiesen überwiegen und als wichtiges Viehfutter dienen. Doch auch Wiesenblumen und Wiesentiere können (eventuell wiederholend) thematisiert werden.

- Im Sommer sind zahlreiche Früchte reif und können geerntet werden. Die Kinder beschäftigen sich im dritten Kapitel mit verschiedenen Beerensorten und bereiten daraus schmackhafte Gerichte zu.

- Im vierten Kapitel werden verschiedene Themen angesprochen, die auf ganz unterschiedliche Weise mit der Sonne zu tun haben und durch sie bedingt sind: Temperaturmessung, Sonnenschutz und Schattenspiele.

- Im fünften Kapitel stehen die warmen Farben des Sommers im Mittelpunkt des Interesses. Darüber hinaus sammeln die Kinder zahlreiche Erfahrungen beim Mischen von Farben.

- Das sechste Kapitel schließlich möchte Anregungen für sommerliche Spiele geben, die sowohl in der Schule als auch in der Freizeit durchgeführt werden können. Außerdem bietet es Ideen für eine sinnvolle Freizeitgestaltung.

Es gibt viel zu entdecken im Sommer!
Ihnen und Ihren Schülern viel Spaß dabei!

Regina Bormann

Inhalt

1. Kapitel: Sommerzeit

2. Kapitel: Die Wiese im Sommer

3. Kapitel: Obst und Beeren

4. Kapitel: Sonne, Hitze, Schatten

5. Kapitel: Farben des Sommers

6. Kapitel: Spielen im Sommer

1. Kapitel: Sommerzeit

Vorbemerkung

Im Sommer sind die Tage am längsten und das Wetter ist in der Regel besonders warm und schön – ideale Voraussetzungen, um sich möglichst viel im Freien aufzuhalten.

Der Sommer ist auch die Jahreszeit, die man in erster Linie mit Erholung und Entspannung verbindet. Die Sommerferien, die längste schulfreie Zeit des Jahres, nutzen viele für eine Urlaubsreise. Doch auch wer nicht verreist, kann zu Hause viele interessante und spannende Dinge erleben und Tätigkeiten nachgehen, für die sonst keine Zeit bleibt.

Bei der Behandlung des Themas Sommer im Unterricht sollte daher die Vorfreude auf die kommende Zeit im Vordergrund stehen.

Lehrplanbezug

Sachunterricht

- Jahreszeiten kennen und bewusst erleben
- Feste und Brauchtum im Jahreskreis mitgestalten

Musik

- Altersgemäße Sommerlieder singen
- Musik hören und Höreindrücke schildern

Deutsch

- Wortbedeutungen klären und den Wortschatz erweitern
- Zusammensetzungen aus Namenwörtern bilden
- Erproben, wie Tätigkeiten und Vorgänge benannt werden können
- Tunwörter in pantomimische oder szenische Darstellung umsetzen
- Geschichten und Erlebtes aufschreiben

Zu den Kopiervorlagen

KV Seite 10

Das Jahr

Diese Kopiervorlage kann zur Wiederholung und Sicherung der Monate und Jahreszeiten eingesetzt werden. Dafür schneiden die Kinder die Kreissegmente aus, bringen sie in die richtige Reihenfolge und kleben sie auf ein Blatt. Anschließend wird dieser Jahreskreis mit Farben und Bildern gestaltet.

In stark vergrößerter Form kann auch ein Jahreskreis für das Klassenzimmer gebastelt werden. Dabei übernehmen jeweils 2 bis 3 Kinder die Gestaltung eines Monats.

„Die vier Jahreszeiten"

Das Werk „Die vier Jahreszeiten" besteht aus vier Violinkonzerten mit jeweils drei Sätzen. Antonio Vivaldi (1678–1741) verstand es wie kein anderer, durch den gezielten Einsatz von Instrumenten im Kopf des Hörers Bilder entstehen zu lassen, die sich zu einer Geschichte verbinden. Jeder Satz erzählt eine eigene Geschichte.

Das Konzert „Der Sommer" beschreibt im ersten Satz die drückende Hitze des Sommers. Erst als die Sonne hinter den Bergen verschwindet, beginnen die Vögel (Kuckuck, Taube, Distelfink) zu singen. Ein zunächst noch sanfter Wind entwickelt sich allmählich zu einem stürmischen Wehen. Im zweiten Satz kündigt sich ein Unwetter an, das durch die Sologeige zum Ausdruck gebracht wird. Die Musik braust immer wieder zu einem Donnergrollen auf. Die Menschen stöhnen unter einer Fliegen- und Mückenplage. Schließlich bricht im dritten Satz ein Gewitter mit Hagel, Donner und Blitzen über das Land herein.

KV Seite 11/12

Die vier Jahreszeiten

Vivaldis Violinkonzert „Der Sommer" ist gut geeignet, um die Schüler an die klassische Musik heranzuführen, da der Komponist die Musik durch die Nachahmung von Naturereignissen mit Instrumenten für Kinder „sichtbar" und erlebbar macht.

Zunächst sollten die Kinder das Stück mindestens einmal vollständig anhören und die Musik auf sich wirken lassen. Die beiden Kopiervorlagen enthalten Höraufträge, die anhand der Musikstücke bearbeitet werden.

Beim Hören des ersten Satzes vermuten die Schüler, welche Jahreszeit dargestellt wird. Sie vervollständigen das Bild entsprechend. Das Donnergrollen kommt im zweiten Satz vor, der vom drohenden Unwetter erzählt.

Die erste Aufgabe auf der zweiten Kopiervorlage weist darauf hin, dass die Schüler anhand dieses Musikstücks die Violine beispielhaft als ein Orchesterinstrument kennenlernen können. Falls die Kinder sich dafür interessieren, können Sie ihnen dazu weitere Informationen bieten und näher darauf eingehen. Für die Auswahl der Bilder bei der zweiten Aufgabe hören die Kinder den dritten Satz des Violinkonzerts. Beim letzten Hörauftrag werden noch einmal die kindlichen Empfindungen beim Hören der Musik angesprochen. Es bleibt Ihnen überlassen, welchen Satz aus „Der Sommer" Sie dafür auswählen. Die Kinder gestalten ihren Höreindruck in einer Zeichnung und erzählen anschließend, wie die Musik auf sie gewirkt hat.

Literaturempfehlung: Marko Simsa / Doris Eisenburger: Die vier Jahreszeiten, Eine Geschichte zur Musik von Antonio Vivaldi, mit Begleit-CD, München 2004.

Lösung Seite 11
Die Musik passt zum Sommer.
Das Donnergrollen kann man viermal hören.

Lösung Seite 12
Die Violine ist besonders deutlich herauszuhören.

KV Seite 13

Besondere Tage im Sommer

Im Sommer gibt es nur wenige „besondere Tage", mit denen spezielles Brauchtum verbunden ist, das im Unterricht genauer betrachtet werden kann. Diese Kopiervorlage bietet kurze Informationen zum Sommeranfang, zum Siebenschläfertag und zu den Hundstagen, die die Kinder durch eigene Beobachtungen überprüfen sollen.

KV Seite 14

Trarira, der Sommer, der ist da!

Aufgrund seiner einfachen Melodieführung und des kurzen Textes ist dieses Volkslied aus dem 19. Jahrhundert bereits gut für die erste Jahrgangsstufe geeignet. Nachdem die im Text erwähnten Handlungsträger – „wir" und der personifizierte Sommer – genannt wurden, können die Kinder den Inhalt der Strophen szenisch nachspielen.

Da sich nur der Text der zweiten Liedzeile von Strophe zu Strophe ändert, können Sie leistungsstärkere Kinder dazu anregen, weitere Strophentexte zu erfinden.

KV Seite 15

Sommerwörter

Die Schüler bilden zusammengesetzte Namenwörter mit „Sommer-" und schreiben diese auf. Diese Übung dient der Wortschatzerweiterung und kann bereits in der ersten Jahrgangsstufe eingesetzt werden. Als Differenzierung für schnell arbeitende Kinder geben Sie den Auftrag, weitere Sommerwörter zu finden.

Die Bedeutung einiger Wörter, die über die reine Wortbedeutung der Einzelwörter hinausgeht, sollte dabei gesondert angesprochen werden: Als „Sommerzeit" bezeichnet man die im Gegensatz zur „Winterzeit" um eine Stunde vorgestellte Uhrzeit, „Sommersprossen" (falls genannt) sind kleine gelblich-bräunliche Flecken, vor allem im Gesicht.

Im Anschluss daran verwenden die Schüler statt „Sommer" das Wort „Winter". Dabei achten sie auf den Sinn der zusammengesetzten Nomen und stellen fest, dass das Wort „Winterhitze" nicht existiert, da es keinen Sinn ergibt. Analog dazu können auch mit den Wörtern „Frühling" und „Herbst" Zusammensetzungen gebildet werden.

KV Seite 16

Im Sommer

Auf dieser Kopiervorlage werden verschiedene Aktivitäten thematisiert, die die Kinder im Sommer durchführen können. Zunächst kreisen die Schüler Tätigkeiten ein, die sie gerne machen, und ergänzen weitere Hobbys. In einem zweiten Schritt schreiben sie ihren Namen von oben nach unten in den leeren Kasten und ergänzen zu jedem Buchstaben eine Tätigkeit. Dabei sollten sie Hobbys wählen, die ihnen Spaß machen.

Diese Kopiervorlage kann auch für die Behandlung sprachlicher Schwerpunkte genutzt werden: Die Schüler untersuchen die Wortart „Tunwort" und setzen die Verben in verschiedene Personalformen, z. B.: Ich lese gerne. – Du liest gerne. – Wie lesen gerne. Auch das Ordnen der Tätigkeiten nach dem Alphabet ist möglich.

Sommerreime

Die Schüler finden zu den vorgegebenen Wörtern passende Reimwörter. Das Ergänzen der Satzanfänge zu kleinen Reimen, die auch Sinn machen, erfordert einiges Geschick und ist für besonders sprachgewandte Kinder als differenzierendes Angebot gedacht. Einige Reimwörter sind als Anregung und Hilfe angegeben.

Mögliche Lösung

Sonne: Nonne, Tonne, Wonne
Eis: Preis, Kreis, Reis
Gras: Glas, Gas
Reise: Speise, leise, Meise
Wiese: Liese, Riese, Fliese
See: Tee, Fee, Klee, Schnee

A, a, a, der Sommer, der ist da.
E, e, e, wir gehen an den See.
I, i, i, vergiss die Creme nie!
O, o, o, das Baden mag ich so.
U, u, u, der Tag vergeht im Nu.

Sonnenwörter

Ähnlich wie auf Seite 15 bilden die Kinder hier zusammengesetzte Namenwörter, wobei das Wort „Sonne“ jeweils als Bestimmungswort verwendet wird. Auf diese Weise erhalten die neutral abgebildeten Grundwörter eine neue Bedeutung, die die Schüler an zwei Beispielen mit einer Zeichnung veranschaulichen.

Lösung

Sonnenbrille, Sonnenhut, Sonnenblume, Sonnenschirm, Sonnenuhr, Sonnencreme

Sommerwind

Dieses zeitgenössische Lied hat eine eingängige Melodie, sodass es die Schüler schnell erlernen können. Im Text wird der Sommerwind personifiziert vorgestellt. Zunächst markieren die Kinder im Text die Verben farbig, die „Tätigkeiten“ des Windes beschreiben (streichen, schieben, einladen, singen) und überlegen sich dazu passende Handbewegungen. Diese Gesten sind beim Erlernen des Textes hilfreich.

Auf der zweiten Kopiervorlage ist der Inhalt der Liedstrophen mit Bildern dargestellt. Die Kinder ordnen die Strophentexte den Bildern zu, schneiden sie aus und kleben sie in der richtigen Reihenfolge auf ein Blatt.

Die Bilder sind auch zum Einüben des Textes geeignet: Dafür halten die Kinder die jeweils passende Karte als Vorinformation zur kommenden Textpassage oder parallel zum Liedvortrag hoch.

Lösung

Reise mit dem Sommerwind

Anknüpfend an den im Lied „Sommerwind“ (Seite 19) geäußerten Wunsch, mit dem Wind zu verreisen, lassen die Kinder ihrer Fantasie freien Lauf und überlegen sich ein Reiseziel. Zunächst erzählen sie, wohin ihre Reise gehen soll. Dann bringen die Schüler ihre Gedanken in Form einer kleinen Beschreibung zu Papier und malen ein Bild dazu, das keinen Anspruch auf Realitätsnähe zu erfüllen braucht.

Ein Ausflug

Als vorbereitender Einstieg zu dieser Kopiervorlage berichten die Kinder von verschiedenen Ausflügen und welche Ausrüstung sie dafür benötigen. Dann ordnen sie den beiden abgebildeten Situationen entsprechend – Baden am See und Radtour – die jeweils passenden Wortkarten zu. Im Anschluss daran schreiben sie selbstständig Dinge auf, die man bei einem Zeltlager braucht. Leistungsschwächere Schüler können dafür bereits im oberen Teil genannte Begriffe abschreiben.

Lösung

Baden am See	Radtour
Luftmatratze	Fahrrad
Sonnenschirm	Fahrradhelm
Badeanzug	Landkarte
Badehose	Luftpumpe
	Regenschutz

Diese Dinge passen zu beiden Bildern:
Picknickkorb, Fotoapparat, Sonnencreme, Sonnenbrille

KV Seite 23

Packe deinen Koffer!

Kofferpacken ist eine spannende Sache! Nachdem sich die Kinder ein beliebiges, auch unrealistisches Reiseziel ausgesucht haben, überlegen sie, was sie dorthin mitnehmen wollen. Als Wiederholung des Wortschatzes der Themen Körperpflege und Kleidung nennen die Schüler Dinge, die man immer für eine Reise einpacken muss. Schließlich malen oder schreiben sie weitere Dinge in den abgebildeten Koffer.

KV Seite 24

Eine Karte aus den Ferien

Kinder erhalten nur selten Post, die ausdrücklich an sie adressiert ist. Mithilfe dieser Kopiervorlage können Sie dazu eine klasseninterne Aktion anregen: Jedes Kind trägt seine eigene Adresse auf der Karte auf den entsprechenden Zeilen ein. Dann wird die Vorlage ausgeschnitten, in der Mitte gefaltet und auf der Rückseite zusammengeklebt, sodass eine Postkarte entsteht. Alle Karten werden in einer Schachtel gesammelt und jedes Kind zieht daraus wieder eine Karte. Achten Sie darauf, dass kein Kind seine eigene Karte erhält!

Über die Ferienzeit erhalten nun alle Schüler den Auftrag, auf der Postkarte von einem Erlebnis zu berichten und dazu zu zeichnen und diese dann ihrem Klassenkameraden oder ihrer Klassenkameradin per Post zu schicken. Besprechen Sie in diesem Zusammenhang auch die Höhe des Portos. Falls nötig, können die Briefmarken auch aus der Klassenkasse bezahlt werden. Weisen Sie darauf hin, dass nur dann jedes Kind Post bekommt, wenn alle an das Versenden der Karte denken. Im neuen Schuljahr bringen die Kinder ihre Karten in die Schule mit.

KV Seite 25

Meine Sommerferien

Jedes Kind bastelt der Anleitung entsprechend ein eigenes Hosentaschenbüchlein, in das es während der Sommerferien besondere Erlebnisse einträgt und dazu zeichnet. Auf diese Weise entsteht ein ganz persönliches Erinnerungsheft.

So wird das Hosentaschenbüchlein gefaltet:

1. Das DIN-A4-Blatt einmal an der schmalen Seite und zweimal hintereinander an der langen Seite jeweils in der Mitte falten und wieder aufklappen, sodass die folgenden Faltlinien zu sehen sind:

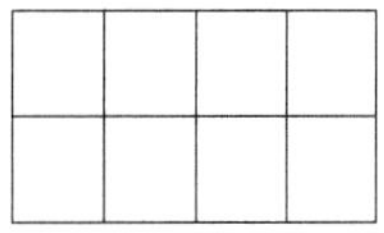

2. Dann das Blatt einmal an der langen Seite zusammenlegen und mit der Schere vom Falz bis zur Querfaltlinie einschneiden. Das Blatt wieder öffnen.

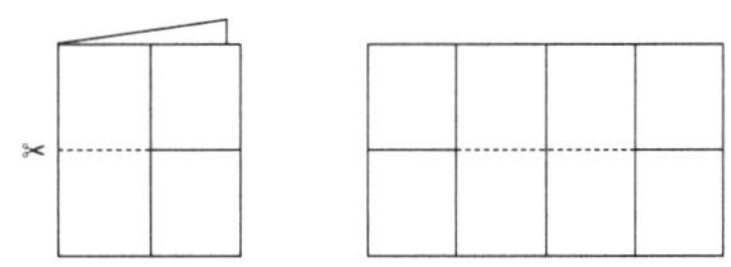

3. Das Blatt an der schmalen Seite in der Mitte falten und von außen mit beiden Händen zur Mitte zusammenschieben, sodass sich in der Mitte der Schnitt öffnet und das Papier vorne und hinten nach außen klappt.

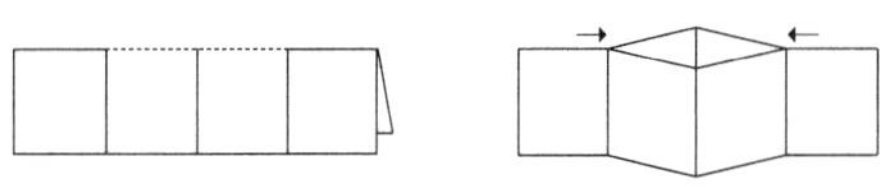

4. Die vier Buchseiten so aufeinanderlegen, dass die Seite mit dem Titel oben liegt. Die restlichen Seiten folgen den Seitenzahlen entsprechend.

KV Seite 26/27

Der Kuckuck auf dem Zaune saß Sprechstück

Dieses Lied berichtet in einer etwas altertümlichen Ausdrucksweise vom Kuckuck, der bei einem Regenguss nass wird und dann sein Gefieder im Sonnenschein trocknen lässt. Die nicht ganz einfache Melodie ist eingängig und hat keinen Refrain. Nur das „Kuckuck" wiederholt sich am Liedende. Vor dem Kennenlernen der Melodie empfiehlt es sich, den Text durch rhythmisches Sprechen einzuüben. Auch bietet es sich an, das Lied durch Klatschen im 4/4-Takt rhythmisch zu begleiten.

Das Besondere des Liedes ist das Ende, wo sich je zwei Viertelpausen mit einem gesungenen „Kuckuck" abwechseln. Diese Pausen können die Kinder wie auf der Kopiervorlage abgebildet mit zweimaligem Klatschen, Schlagen von Klanghölzern oder Pfeifen füllen.

Das Sprechstück auf der zweiten Kopiervorlage kann als Einstimmung auf das Lied eingeübt werden und später auch als Vor- bzw. Nachspiel oder Liedbegleitung zum Einsatz kommen. Beachten Sie den Auftakt zu Beginn des Liedes und stellen Sie sicher, dass die Kinder den Sprechrhythmus gleichmäßig einhalten.

Das Jahr

Schneide die Teile aus, bringe sie in die richtige Reihenfolge und klebe sie zu einem Kreis auf. Male zu jedem Monat ein passendes Bild. Ergänze die Jahreszeiten und male sie aus.

Frühling: grün Sommer: gelb Herbst: braun Winter: blau

✂

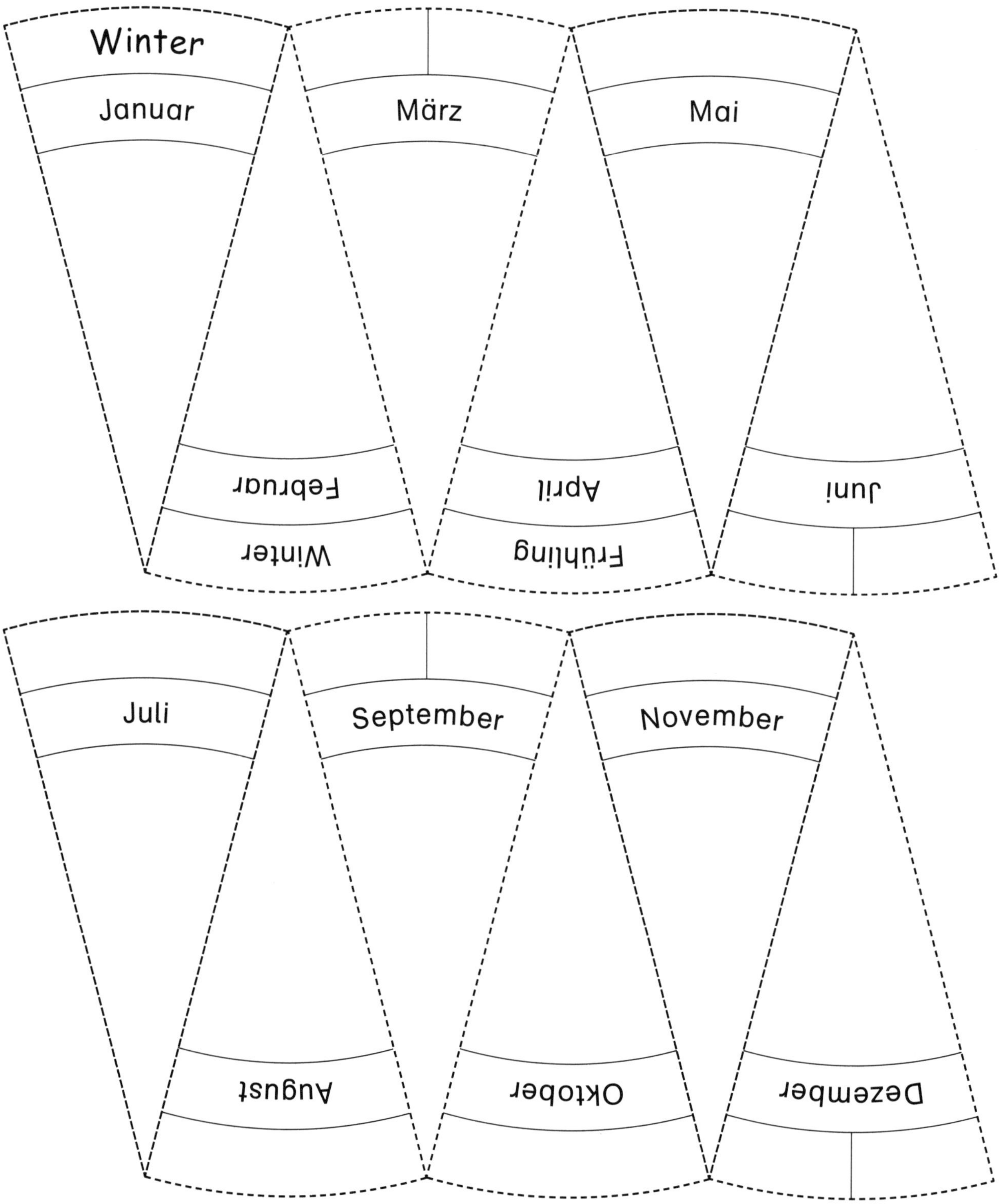

Name:

Die vier Jahreszeiten (1)

Der italienische Komponist Antonio Vivaldi ahmte mit seiner Musik Gegenstände oder Ereignisse aus der Natur nach. Das machte ihn zu einem sehr beliebten Künstler. Mit seiner Musik erzählte er ganze Geschichten.

Zu welcher Jahreszeit passt die Musik?
Male das Bild passend zur Jahreszeit weiter.

Wie oft hörst du ein Donnergrollen? Schreibe auf.

Name:

Die vier Jahreszeiten (2)

Welches Instrument hörst du besonders deutlich heraus? Male es an.

Welche Bilder passen gut zu der Musik? Kreuze an.

Male auf der Rückseite ein Bild zu dem Musikstück, das du jetzt hörst.
Erzähle, wie die Musik auf dich gewirkt hat.

Besondere Tage im Sommer

21. Juni: Sommeranfang

Der Sommeranfang ist der längste Tag im Jahr, da es ungefähr 16 Stunden hell ist. Von jetzt an werden die Tage langsam wieder kürzer. Man nennt diesen Tag auch Sonnenwende.
An diesem Tag wird ein großer Holzstoß entzündet und am Feuer gefeiert. In manchen Gegenden findet das Fest erst am 24. Juni, am Johannistag statt. Dann spricht man vom Johannisfeuer.

Welche Bräuche gibt es an diesem Tag in deiner Gegend?

27. Juni: Siebenschläfer

Viele Leute kennen diese Bauernregel: „Das Wetter am Siebenschläfertag sieben Wochen bleiben mag." Dabei hat dieser Tag nichts mit dem Nagetier Siebenschläfer zu tun, sondern geht auf eine alte Legende zurück: Zur Zeit der Christenverfolgung sollen sieben Brüder in einer Höhle eingemauert worden sein. Als die Höhle etwa 200 Jahre später geöffnet wurde, erwachten die Männer aus einem langen Schlaf.

Beobachte an diesem Tag und in den folgenden Wochen das Wetter. Stimmt die Bauernregel?

23. Juli – 24. August: Hundstage

Als Hundstage bezeichnet man die heißesten Tage des Sommers, die oft in dieser Zeit auftreten. Der Name kommt vom Stern Sirius im Sternbild Großer Hund, der um diese Zeit am Morgenhimmel erscheint. Früher erkannte man daran den Zeitpunkt, an dem heißes Wetter zu erwarten war.

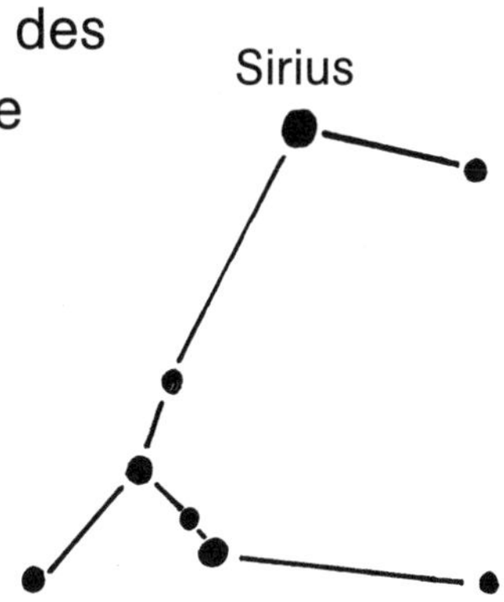

Beobachte an diesen Tagen das Wetter. Ist es wirklich besonders heiß?

Trarira, der Sommer, der ist da!

Volksgut

2. Wir wollen hinter Hecken
   und woll'n den Sommer wecken.

3. Der Winter ist zerronnen,
   der Sommer hat begonnen.

Name: 

Sommerwörter

Bilde zusammengesetzte Namenwörter. Schreibe sie auf.

Sommerferien,

Setze vor alle Wörter das Wort Winter. Schreibe die zusammengesetzten Wörter auf.

Welches zusammengesetzte Wort ergibt keinen Sinn? Warum? Kreise es ein.

Name:

Im Sommer

Was machst du im Sommer gerne? Kreise ein. Schreibe dazu.

zelten musizieren reiten

lesen angeln spielen

kochen Rad fahren basteln verreisen

malen wandern

faulenzen puzzeln schwimmen Freunde treffen

Schreibe deinen Vornamen in Großbuchstaben untereinander.
Schreibe zu jedem Buchstaben ein Wort.

Name:

Sommerreime

Finde zu jedem Sommerwort mindestens ein Reimwort.

Sonne

Eis

Gras

Reise

Wiese

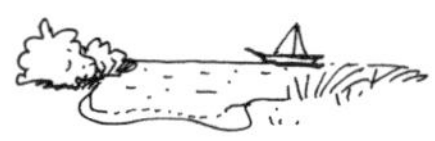

See

Reime weiter. Die Reimwörter helfen dir.

Knie   froh   so   Nu   dazu

nie   See   (ich) geh

A, a, a, der Sommer, der ist da.

E, e, e,

I, i, i,

O, o, o,

U, u, u,

Name:

Sonnenwörter

Bilde zusammengesetzte Namenwörter mit diesen Bildern. Schreibe sie auf.

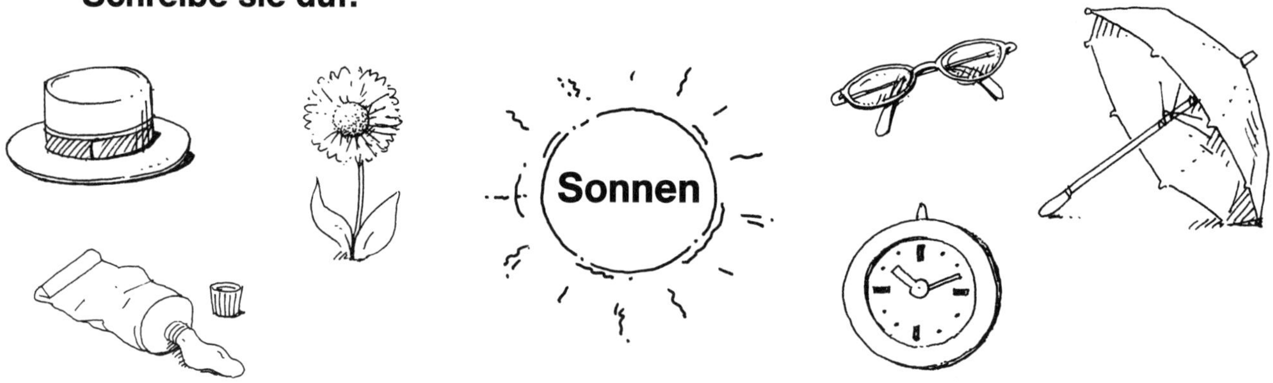

Zeichne zu zwei Sonnenwörtern Bilder.

Kennst du noch mehr Sonnenwörter? Schreibe sie auf.

Sommerwind (1)

Text und Melodie: Wolfgang Spode

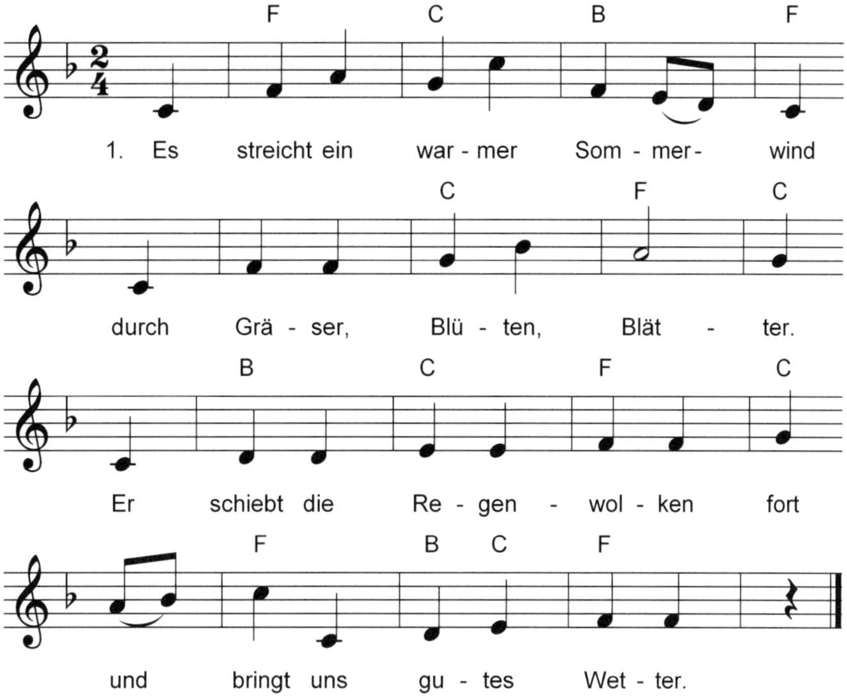

2. Es scheint der warme Sommerwind
uns freundlich einzuladen
zum Spielen an der frischen Luft,
zum Wandern und zum Baden.

3. Es singt der warme Sommerwind
ein Lied hoch in den Bäumen
und du und ich, wir summen mit
und können dabei träumen.

4. Ich mag den warmen Sommerwind,
ich mag sein sanftes Wehen.
Ich möcht so gerne mit ihm zieh'n
und ferne Länder sehen.

Sommerwind (2)

Schneide die Bilder aus. Ordne sie den Strophen des Liedes zu. Klebe sie in der richtigen Reihenfolge auf ein Blatt.

Name:

Reise mit dem Sommerwind

Stell dir vor, du könntest mit dem Wind verreisen, so wie es in dem Lied „Sommerwind" beschrieben wird.

In welches ferne Land würde deine Reise gehen? Erzähle eine kurze Geschichte.

Male ein Bild von deinem Reiseziel.

Name:

Ein Ausflug

Wo brauchst du diese Dinge? Verbinde.

Luftmatratze

Fahrrad

Sonnenbrille

Fahrradhelm

Landkarte

Badeanzug

Luftpumpe

Picknickkorb

Sonnencreme

Badehose

Regenschutz

Fotoapparat

Sonnenschirm

Was brauchst du, wenn du ins Zeltlager fährst? Schreibe fünf Dinge auf.

Name: 

Packe deinen Koffer!

Überlege dir ein Ziel, wo du gerne Ferien machen möchtest.

Was brauchst du immer, wenn du verreist? Schreibe fünf Dinge auf.

Was packst du noch in deinen Koffer? Male oder schreibe auf.

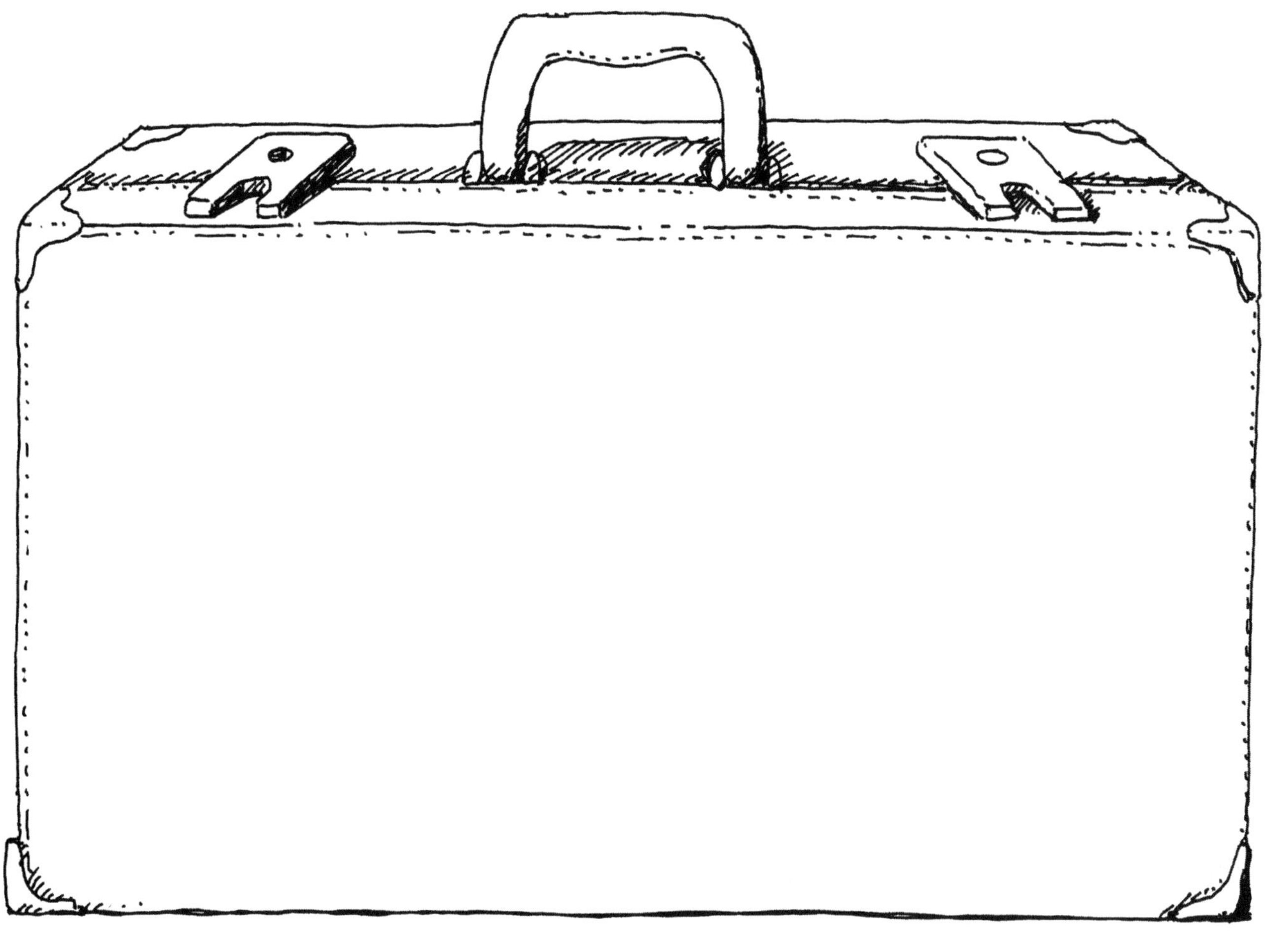

Eine Karte aus den Ferien

- **Trage in die Postkarte deine Adresse ein.**
- **Schneide die Karte aus, falte sie in der Mitte und klebe sie auf der Rückseite zusammen.**

(Vorname, Name)

(Straße, Hausnummer)

(Postleitzahl) (Ort)

Meine Sommerferien

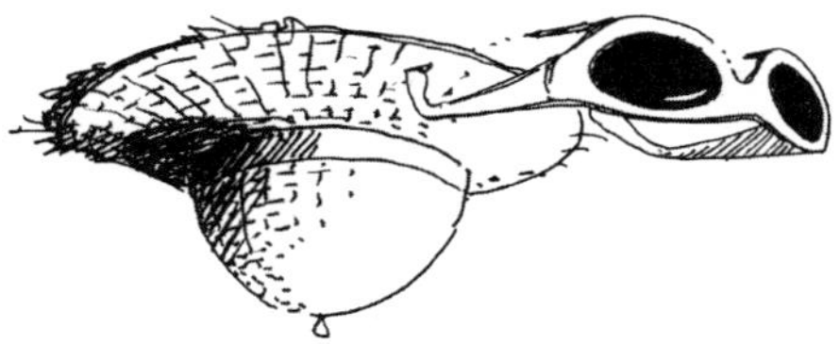

Jahr:

Name:

1

Das habe ich gemacht:

2

Das habe ich gemacht:

3

Ein besonderes Erlebnis

Wann?

Wo?

Mit wem?

Was?

4

Male ein Bild oder klebe etwas ein.

5

Mein schönster Tag

Wann?

Warum?

6

Das möchte ich nicht vergessen:

7

Diese Kinder habe ich kennengelernt:

8

Der Kuckuck auf dem Zaune saß

aus Westfalen

2. Darauf, da kam der Sonnenschein,
darauf, da kam der Sonnenschein,
der Kuckuck der ward hübsch und fein,
der Kuckuck der ward hübsch und fein.
Kuckuck! Kuckuck!

Füllt die Pausen  **auf verschiedene Weise.**

Sprechstück

Gestaltet ein Sprechstück zum Lied „Der Kuckuck auf dem Zaune saß".

Einzelne Teile des Sprechstücks könnt ihr als Begleitung für das Lied verwenden. Probiert es aus.

1. Strophe: Oh, der arme Kuckuck, ...
   Nass, ...

2. Strophe: Sonnenschein, ...
   Kuckuck, ...

2. Kapitel: Die Wiese im Sommer

Vorbemerkung

Der Lebensraum Wiese ist für eine regelmäßige und langfristige Beobachtung im Jahreslauf gut geeignet: Während im Frühling vor allem die Blütenpracht der Wiesenblumen die Aufmerksamkeit auf sich zieht, sind im Sommer die Gräser herangewachsen und bieten sich für eine genauere Betrachtung an. Dabei sollten die Namen der bekanntesten Wiesenblumen und einzelner Wiesentiere wiederholt werden, um sie langfristig zu sichern. Eine Besonderheit der Wiese ist im Sommer das Mähen und die Gewinnung von Heu. Nur so bleiben die Wiesen dauerhaft als Bestandteil unserer Kulturlandschaft erhalten.

Beachten Sie bei diesem Thema, dass die Pollen der Süßgräser den weit verbreiteten Heuschnupfen auslösen! Bevor Sie mit Ihrer Klasse eine blühende Wiese besuchen, sollten Sie deshalb auf jeden Fall klären, ob sich unter Ihren Schülern Allergiker befinden.

Lehrplanbezug

Sachunterricht
- Die Wiese im Sommer
- Die Wiese mit allen Sinnen erleben und erfahren
- Den Aufbau von Gräsern kennen
- Pflanzen der Wiese unterscheiden und benennen
- Achtung und Verantwortung gegenüber Pflanzen entwickeln
- Tiere der Wiese unterscheiden und benennen

Deutsch
- Beobachtungen erfassen und beschreiben
- Ein Klassenbuch zusammenstellen
- Sach- und Gebrauchstexte lesen: nach Anweisungen handeln

Kunst/Werken
- Sammeln, Sortieren und Verarbeiten von Naturmaterialien
- Gestalten mit Naturmaterialien

Zu den Kopiervorlagen

KV Seite 33

Was ist eine Wiese?

Bereits vorhandenes Wissen der Schüler zum Lebensraum Wiese wird auf dieser Kopiervorlage gesammelt. Alternativ ist auch der Einsatz für eine Wiederholung des Lernstoffs möglich, wenn Sie die Wiese beispielsweise bereits im Frühling im Unterricht behandelt haben. Auf diese Weise können Sie sich einen Überblick über den Lernstand Ihrer Schüler verschaffen und gegebenenfalls wichtige Lerninhalte wiederholen.

Eine schöne Beschreibung einer Wildwiese bietet das Gedicht „Was ist eine Wiese?“ von Friedl Hofbauer, das in diesem Zusammenhang im Unterricht zum Einsatz kommen kann.

Lösung
- Wofür wird das Gras verwendet?
  Als Futter für Nutztiere.
- Welche Pflanzen wachsen auf einer Wiese?
  Wiesenblumen und Gräser
- Welche Tiere kannst du auf einer Wiese finden?
  Käfer, Schmetterling, Heuschrecke, Regenwurm etc.
- Wie oft wird das Gras gemäht?
  etwa zweimal im Jahr
- Was geschieht mit dem geschnittenen Gras?
  Das Gras wird getrocknet. Dann ist es Heu.
- Wie hoch wird das Gras?
  1 bis 1,50 Meter hoch

Gräser

Die Gräser, die auf unseren Wiesen wachsen, gehören zu den sogenannten Süßgräsern, die zusammen mit den Sauergräsern und den Binsengewächsen die Gruppe der grasartigen Pflanzen bilden. Da alle Getreidearten von den Süßgräsern abstammen, ist diese Pflanzenfamilie für den Menschen von großer Bedeutung.

Süßgräser werden nach ihrem Blütenstand in drei Gruppen unterteilt:
- Ährengräser, bei denen die Ährchen ohne Stiel am Grashalm sitzen
- Rispengräser, bei denen vom Halm kleine Stiele abgehen, an denen die Ährchen sitzen
- Ährenrispengräser oder Scheinährengräser, bei denen die Rispen so kurz sind, dass sie wie Ähren aussehen.

KV Seite 34

Auch hier wächst Gras!

Viele Kinder denken beim Begriff „Wiese“ spontan an den „Rasen“, wie sie ihn von zu Hause aus dem Garten, vom Park oder auch vom Fußballfeld kennen. Mithilfe dieser Kopiervorlage, die als Gegenüberstellung zur vorangegangenen Kopiervorlage „Was ist eine Wiese?“ (Seite 33) geeignet ist, wird daher der Unterschied zwischen diesen beiden Begriffen behandelt. Dabei sollte hervorgehoben werden, dass aufgrund der unterschiedlichen Häufigkeit des Mähens derselben Grasarten zwei verschiedene Arten von Grünflächen entstehen. Die Schüler können die Fragen sicherlich anhand ihrer persönlichen Erfahrungen beantworten.

Lösung

① nur Gras (Idealfall)
② etwa alle 1 – 2 Wochen
③ bis 10 cm
④ in den Kompost / unter Bäume und Sträucher

KV Seite 35

Einfach nur Gras?

Als Vorbereitung für diese Kopiervorlage sollten die Schüler beim Unterrichtsgang zu einer Wiese die Möglichkeit haben, Gräser zu sammeln. Dafür bieten sich am besten die Monate Juni und Juli an, wenn die Gräser bereits ihre Blütenstände ausgebildet haben. Erklären Sie an zwei Beispielen den Unterschied zwischen Ähre und Rispe und lassen Sie die Gräser entsprechend zuordnen. Anschließend bearbeiten die Schüler die Kopiervorlage. Dabei können auch die Bestimmungskarten (Seite 37/38) zu Hilfe genommen werden, da dort der Blütenstand jeweils genannt wird. Auf diese Weise sollen sich die Schüler des unterschiedlichen Aussehens der Gräser bewusst werden.

Hinweis: Im Sinne der didaktischen Reduktion wird nur zwischen Ährengräsern und Rispengräsern unterschieden. Ährenrispengräser bzw. Scheinährengräser werden aufgrund ihres ähnlichen Aussehens ebenfalls als Ährengräser bezeichnet.

Lösung

Ährengräser: Deutsches Weidelgras, Gemeine Quecke, Wiesenfuchsschwanz, Wiesenlieschgras

Rispengräser: Glatthafer, Wiesenknäuelgras, Wiesenrispengras, Zittergras

KV Seite 36

Gräsern auf der Spur

Ausgehend von der Wiederholung der Teile einer Blütenpflanze (Margerite), betrachten die Kinder Gräser genauer und bestimmen die einzelnen Teile. Dabei sollte auf den unterschiedlichen Blütenstand eines Rispengrases (Zittergras) und eines Ährengrases (Glatthafer) eingegangen werden. Lassen Sie die Schüler die Pflanzenteile an Gräsern zeigen und geben Sie dazu weitere Erklärungen. Das richtige Benennen der Pflanzenteile regt zur genauen Betrachtung an und ermöglicht auch die Bestimmung verschiedener Gräser.

Lösung

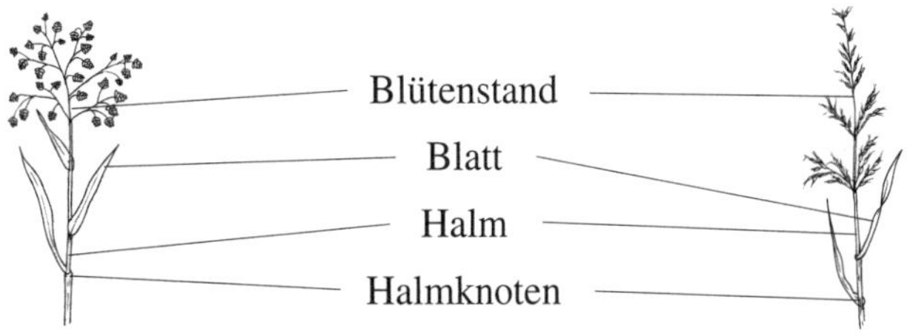

Aufbau von Gräsern

Den Stängel eines Grases bezeichnet man als Halm. Er ist innen hohl und durch Halmknoten gegliedert. Die Blätter entspringen an den Halmknoten und bestehen aus drei Teilen: Blattscheide (umschließt den Halm), Blatthäutchen (sitzt am Übergang von Blattscheide zu Blattspreite) und langer, schmaler Blattspreite (das eigentliche Blatt). Die Blütenstände Rispe oder Ähre bestehen jeweils aus zahlreichen Ährchen, in denen sich wiederum zahlreiche zurückgebildete Einzelblüten befinden. Bei der Blüte werden die Hüllen der Ährchen auseinandergedrückt, sodass die Narben der Blüte hervortreten. Die Blüten werden vom Wind bestäubt.

KV Seite 37/38

Bestimmungskarten: Wiesengräser

Mithilfe dieser Karten können die Schüler erste Bestimmungen von Gräsern durchführen. Auf jeder Karte ist außer dem Namen ein Bild des jeweiligen Grases, der Blütenstand sowie die Blütezeit angegeben. Notfalls kann auch ein Pflanzenbestimmungsbuch zu Hilfe genommen werden.

Bei einem Unterrichtsgang zu einer nahe gelegenen Wiese machen sich die Schüler in Kleingruppen auf die Suche nach den einzelnen Gräsern. Durch genaues Betrachten und Untersuchen machen sie sich so systematisch mit der Natur vertraut. Von jeder Grasart sollte nur ein Exemplar vorsichtig gepflückt und in das Klassenzimmer mitgenommen werden.

Anschließend ist es möglich, die Wiesengräser zu pressen und auf die Rückseite der jeweiligen Bestimmungskarte zu kleben. Werden die Karten mit Folie überzogen oder laminiert, entsteht eine übersichtliche Gräserkartei.

KV Seite 39

Unser Klassen-Wiesenbuch

Die untere Hälfte der Kopiervorlage kann als Deckblatt für ein Wiesenbuch verwendet werden, das die Schüler gemeinsam gestalten. Zunächst wird die Größe des Wiesenbuchs festgelegt: entweder im DIN-A5-Format der Vorlage oder im Querformat DIN A4, wofür das Deckblatt entsprechend vergrößert kopiert wird. Besprechen Sie anschließend mit den Schülern, wie die einzelnen Blätter aussehen sollen. Zusätzlich zu Name und Bild (möglichst genau selbst gezeichnet oder gepresst und aufgeklebt) können die Kinder weitere Informationen zur Art des Blütenstands und der Blütezeit (siehe Seite 37/38) angeben. Auch eine Beschreibung des Aussehens sowie Angaben zum Standort können sie einem Bestimmungsbuch entnehmen und ergänzen. Da zu einer Wiese außer Gräsern auch Blütenpflanzen und Tiere gehören, können die Schüler selbstverständlich auch dazu Seiten gestalten. Die Wiesenpflanzen ordnen sie nach Form, Farbe oder nach dem Alphabet.

Zur besseren Haltbarkeit werden die einzelnen Seiten mit Folie überzogen oder laminiert. Lochen Sie alle Blätter und binden Sie sie mit einem Band oder Wollfaden zu einem Buch. Wenn das Wiesenbuch beliebig erweiterbar bleiben soll, ist es empfehlenswert, die einzelnen Blätter in einem Ordner abzuheften.

KV Seite 40

Eine Wiese im Karton

Mithilfe dieser Anleitung können Sie eine Wiese ins Klassenzimmer holen. Soll nur eine Wiese angesät werden, so ist es besser, diese in einer größeren Kiste statt in einem Schuhkarton wachsen zu lassen. Anderenfalls können jeweils zwei bis vier Kinder eine Wiese ansäen. Achten Sie darauf, dass die regelmäßige Pflege sichergestellt ist – auch am Wochenende und in den Ferien!

Gras- und Wiesenblumensamen sind im Gartenfachhandel erhältlich. Im Idealfall besorgen Sie sich bei einem Landwirt Samen, die vom Mahdgut naturnaher Wiesen beim Trocknen übriggeblieben sind. Stellen Sie sich darauf ein, dass nicht alle Wiesenblumen sofort nach der Aussaat zum Blühen kommen werden. Es empfiehlt sich, über die Entwicklung der Wiese regelmäßig ein Tagebuch (siehe Seite 41) zu führen.

Die Bewässerung kann mit einer Gießkanne oder mit einer Sprühflasche erfolgen. Damit die Wiese nicht zu schnell austrocknet, empfiehlt es sich, eine durchsichtige Plastikfolie über die Kiste zu spannen. Auf diese Weise kondensiert das verdunstete Wasser an der Folie und bewässert die Erde wieder. Wenn die Beobachtung beendet ist, wäre es schön, wenn die „kleinen Wiesen" im Garten der Schule eingepflanzt werden. So können die Kinder die Entwicklung „ihrer Wiese" auch weiterhin beobachten.

KV Seite 41

Wiesentagebuch

Die Entwicklung der Wiese im Karton sollte regelmäßig beobachtet werden. Die Wachstumsfortschritte halten die Schüler täglich oder wöchentlich in einem Tagebuch fest. Führen Sie eventuell einen „Wiesendienst" ein, der die aktuellen Beobachtungen der Klasse jeweils vorstellt. Die Kopiervorlage gibt einige Stichpunkte für die Beobachtung vor, jedoch können und sollen weitere Ideen gerne aufgenommen werden.

Ein ähnliches Tagebuch, in dem die beobachteten Veränderungen festgehalten werden, können Sie auch für den regelmäßigen Besuch einer Wiese einführen. In diesem Zusammenhang sollten Sie mit Ihrer Klasse besonders die Heugewinnung begleiten.

> **Verhaltensregeln für die Wiese**
> Besprechen Sie mit Ihrer Klasse vor einem Unterrichtsgang das richtige Verhalten auf der Wiese. Folgende Regeln sind sinnvoll:
> - Ich betrete die Wiese vorsichtig!
> - Ich verhalte mich leise!
> - Ich verletze keine Tiere!
> - Ich reiße keine Pflanzen aus!
> - Ich pflücke immer nur eine Pflanze pro Art!
> - Ich werfe keinen Müll weg!

KV Seite 42

Die Sommerwiese

Das Lernen mit allen Sinnen ist wichtig. Im Zusammenhang mit dieser Kopiervorlage sollte auf jeden Fall ein Unterrichtsgang auf eine Sommerwiese stattfinden, der nicht dem reinen Wissenserwerb dient, sondern bei dem die sinnliche Wahrnehmung im Vordergrund steht. Dabei sollen die Kinder besonders leise sein, damit sie auch schwache Geräusche wahrnehmen können. Vielleicht schließen sie dabei auch die Augen.

Die Bilder auf der Kopiervorlage stellen folgende Situationen dar: Blühende Sommerwiese – Gräser im Wind – Kind liegt in Wiese – Biene fliegt auf Blüte zu – Amsel pickt am Boden – Grille zirpt in tiefem Gras. Es gibt keine allgemein gültige Lösung zu dieser Kopiervorlage, vielmehr sollen die Kinder angeregt werden, sich ihrer Wahrnehmungen bewusst zu werden.

Die Schüler verfassen zu ihren Eindrücken einen freien Text oder schildern ihre Erfahrungen in einem Gespräch in der Klasse. Ein Schwerpunkt wird sicherlich im Bereich des Hörens liegen. Falls möglich, können Wiesengeräusche auch aufgenommen und im Klassenzimmer abgespielt werden. Gehen Sie auch auf störende Geräusche (z. B. Straße, Baulärm, Verkehr) ein.

KV Seite 43

Gräser-Domino

Das Domino dient der Wiederholung und Sicherung der Namen und des Aussehens der Wiesengräser. Wird den Bildern der richtige Name zugeordnet, so setzt sich der Halm des jeweiligen Grases auf dem folgenden Kärtchen fort. Auf diese Weise ist eine Selbstkontrolle möglich.

KV Seite 44

Wiesenblumen

Da der Schwerpunkt der Wiesenpflanzen in diesem Band auf die Gräser gelegt wurde, dient diese Kopiervorlage der Wiederholung einiger Blütenpflanzen, die die Kinder bereits kennen sollten. Jede Pflanze wird aus ihren drei Teilen wieder zusammengesetzt, der passende Name ergänzt und die Blüte in der entsprechenden Farbe ausgemalt. Diese Puzzles können auch als Freiarbeitsmaterial eingesetzt werden, da das fertige Bild der Selbstkontrolle dient.

Lösung

Margerite (weiß)

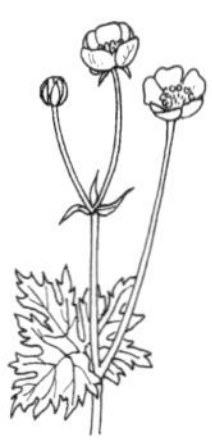

Hahnenfuß (gelb)

Gänseblümchen (weiß)

Wiesenklee (rot)

Schafgarbe (weiß)

Spitzwegerich (braun)

KV Seite 45

Wiesenpflanzen-Rätsel

Mithilfe dieses Rätsels festigen die Schüler die kennengelernten Wiesenpflanzen. Das bereits vorhandene Lösungswort, die vorgegebene Anzahl der Kästchen sowie einige weitere Buchstaben erleichtern das Finden der Namen der Wiesenblumen und Gräser. Die Kinder können auch die „Bestimmungskarten: Wiesengräser“ (Seite 37/38) zu Hilfe nehmen.

Lösung

1								G	Ä	N	S	E	B	L	Ü	M	C	H	E	N
2		W	I	E	S	E	N	R	I	S	P	E	N	G	R	A	S			
3										W	I	E	S	E	N	K	L	E	E	
4								G	L	A	T	T	H	A	F	E	R			
5											Z	I	T	T	E	R	G	R	A	S
6	D	E	U	T	S	C	H	E	S	X	W	E	I	D	E	L	G	R	A	S
7	G	E	M	E	I	N	E	X	Q	U	E	C	K	E						
8						S	C	H	A	F	G	A	R	B	E					
9	W	I	E	S	E	N	K	N	Ä	U	E	L	G	R	A	S				
10							M	A	R	G	E	R	I	T	E					
11				W	I	E	S	E	N	L	I	E	S	C	H	G	R	A	S	
12			W	I	E	S	E	N	F	U	C	H	S	S	C	H	W	A	N	Z
13									H	A	H	N	E	N	F	U	ß			

KV Seite 46/47

Kränze aus Gräsern und Blüten
Grußkarten aus der Natur

Bei diesen Bastelarbeiten erlernen die Schüler den sachgerechten Umgang mit Naturmaterialien und schulen zugleich ihre Feinmotorik.

Das Zusammenstecken der Wiesenblumen und Gräser zu Kränzen erfordert genaues und konzentriertes Arbeiten. Die Kinder können die Techniken beim Besuch einer Sommerwiese direkt vor Ort ausprobieren.

Die selbstgemachten Grußkarten mit gepressten Wiesenpflanzen sollen nicht nur der Dekoration dienen, sondern auch verwendet werden. Auf diese Weise wird den Kindern die Sinnhaftigkeit ihrer Arbeit bewusst. Die Schüler können zu jeder Karte den Pflanzennamen nennen und berichten, warum sie gerade diese Pflanze ausgewählt haben.

Wiesenpflanzen pressen

Bevor man gesammelte Pflanzen weiterverwenden kann, werden sie gepresst. So sind sie lange Zeit haltbar. So wird's gemacht:

1. Breite altes Zeitungspapier etwa in der Größe DIN A4 aus.
2. Lege die Pflanze sorgfältig darauf. Blätter und Blüten sollen nicht gefaltet sein und dürfen sich nicht überlappen.
3. Bedecke die Pflanze mit Zeitungspapier.
4. Lege eine weitere Pflanze darauf und decke sie ebenfalls ab.
5. Lege zum Schluss ein paar Bögen Zeitungspapier auf den Stapel und beschwere ihn mit dicken Büchern.
6. Ersetze feuchtes Zeitungspapier alle 2 bis 3 Tage durch trockenes Papier.

Nach etwa zwei Wochen sind die Pflanzen ausreichend trocken und können verarbeitet werden.

KV Seite 48

Auf der Wiese unterwegs

Die Beobachtung von Wiesentieren kann nicht im Voraus geplant werden. Auf dieser Kopiervorlage tragen die Kinder zu jedem abgebildeten Tier den Namen in die Geheimschrift ein. In einem Unterrichtsgespräch können weitere Tiere genannt werden, die für die Wiese typisch sind, z. B. Regenwurm, Hummel, Feldwespe, Heuschrecke, Maulwurf, Feldhase, Feldmaus, Reh. Bei einem Unterrichtsgang zu einer Wiese sollten die Kinder gezielt auf „kleine" Wiesentiere achten.

Lösung

Käfer, Biene, Schmetterling, Ameise, Schnecke, Marienkäfer, Spinne

KV Seite 49

Was krabbelt da?

Diese Kopiervorlage dient der Schulung der Konzentration, da die Schüler durch genaues Betrachten verschiedene Wiesentiere entdecken sollen. Das Zählen erfolgt mithilfe einer Strichliste – einer Arbeitstechnik, die die Kinder aus dem Mathematikunterricht bereits kennen sollten. Beim Überprüfen der Ergebnisse werden die Wiesentiere benannt und ihre Namen nochmals vertieft.

Lösung

4 Käfer, 8 Ameisen, 5 Marienkäfer
Weitere Tiere: Schmetterling, Schnecke, Spinne

KV Seite 50

Summ, summ, summ

Dieses einfache und bekannte Kinderlied über die Bienen eignet sich gut zum Einsatz im Zusammenhang mit dem Thema Wiese. Es vermittelt die Botschaft: Bienen sind nützlich, wir schützen sie.

Der Text enthält viele altertümliche Begriffe, die nicht dem kindlichen Wortschatz der heutigen Zeit entsprechen und deren Bedeutung daher geklärt werden muss: Tröpfchen = Nektar, Krümchen = Pollen, reiche Habe = reichlich Nahrung. Erklären Sie, dass es sich bei Wörtern mit der Endsilbe -chen um Verkleinerungsformen handelt.

Bei dieser Gelegenheit kann auch über die Herkunft des Honigs gesprochen werden: Die Bienen sammeln Nektar und Pollen, die sie in ihre Waben bringen. Der Imker gewinnt daraus den Honig.

Da die Melodie den meisten Kindern sicherlich bekannt ist, sollte der Schwerpunkt auf dem Erfinden einer zum Lied passenden Geräuschmusik liegen. Dafür können die Schüler beispielsweise wie Bienen summen oder Windgeräusche machen. Während ein Teil der Klasse das Lied singt, untermalen die übrigen Kinder das Lied mit den Geräuschen, die auch als Vor-, Zwischen- oder Nachspiel geeignet sind.

KV Seite 51/52

Mein Liedheft

Zum Lied „Summ, summ, summ" basteln die Kinder ein kleines Liedheft, das sie mit eigenen Abbildungen gestalten. Der Liedtext ist dafür bereits auf den Karten abgedruckt, sodass die Schüler nur noch passende Zeichnungen ergänzen. Auf der letzten Blankokarte kann beispielsweise die Geräuschmusik notiert werden. Besonders kreative Kinder können weitere Strophen erfinden und aufschreiben. Zum Schluss werden die Blätter mit einem Klammerhefter zusammengefügt.

KV Seite 53

Bienchen summ herum!

Der Anleitung entsprechend basteln die Kinder eine Biene. Lassen Sie die Kinder zu Hause Klopapierrollen sammeln, damit eine ausreichende Anzahl für das Bastelvorhaben vorhanden ist.

Verwendet man für die Flügel statt des Tonpapiers durchsichtige Geschenkfolie, so glänzen die Flügel ähnlich wie bei echten Bienen. Nehmen Sie die Folie am besten doppelt, damit die Flügel ausreichend stabil sind. In der Mitte werden die Flügel gerafft und mit Klebestreifen am Bienenkörper befestigt.

Hängen Sie die fertigen Bienen an einem Zweig oder im Fenster auf. Alternativ kann auch eine Blumenwiese aus farbigem Papier und Fotokarton gestaltet werden, in die man die Bienen setzt.

Name:

Was ist eine Wiese?

Finde Antworten auf die folgenden Fragen. Schreibe sie auf. Ergänze weitere Fragen und Antworten.

Wofür wird das Gras verwendet?

Welche Pflanzen wachsen auf einer Wiese?

Welche Tiere kannst du auf einer Wiese finden?

Wie oft wird das Gras gemäht?

Wie hoch wird das Gras?

Was geschieht mit dem geschnittenen Gras?

Name:

Auch hier wächst Gras!

Rasen kannst du im Garten, im Park, aber auch auf dem Fußballplatz finden.

Beantworte die Fragen. Kreuze an, was stimmt.
Es können auch mehrere Antworten richtig sein.

① Welche Pflanzen wachsen im Rasen?

☐ Sträucher ☐ Gras und Wiesenblumen

☐ nur Gras ☐ nur Wiesenblumen

② Wie oft wird das Gras gemäht?

☐ nie ☐ zweimal im Jahr

☐ etwa alle 1–2 Wochen ☐ zweimal pro Woche

③ Wie hoch wird das Gras?

☐ bis 10 cm ☐ bis 50 cm

☐ bis 1 m ☐ bis 1,50 m

④ Wohin kommt das gemähte Gras?

☐ in den Papiercontainer ☐ in den Kompost

☐ in den Wald ☐ unter Bäume und Sträucher

Rasen und Wiese sind sehr verschieden.
Schreibe einen Unterschied auf.

Name:

Einfach nur Gras?

Gräser unterscheidet man nach ihrem Bau und Aussehen.

Ähre	Rispe
Die Ährchen sitzen ohne Stiel direkt am Halm. 	Vom Halm gehen mehrere verzweigte Stiele ab, an denen die Ährchen sitzen. 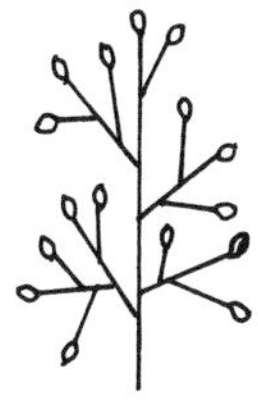

Schneide die Kärtchen aus und klebe sie richtig in die Tabelle ein.

 Zittergras	 Deutsches Weidelgras	 Glatthafer	 Wiesen-rispengras
 Gemeine Quecke	 Wiesen-knäuelgras	 Wiesen-lieschgras	 Wiesen-fuchsschwanz

Name:

Gräsern auf der Spur

Sicher kennst du bereits
die Pflanzenteile von Blumen:

Schreibe die passenden Namen zu den einzelnen Pflanzenteilen der Gräser dazu. Die Begriffe helfen dir.

Blatt

Blütenstand

Halmknoten

Halm

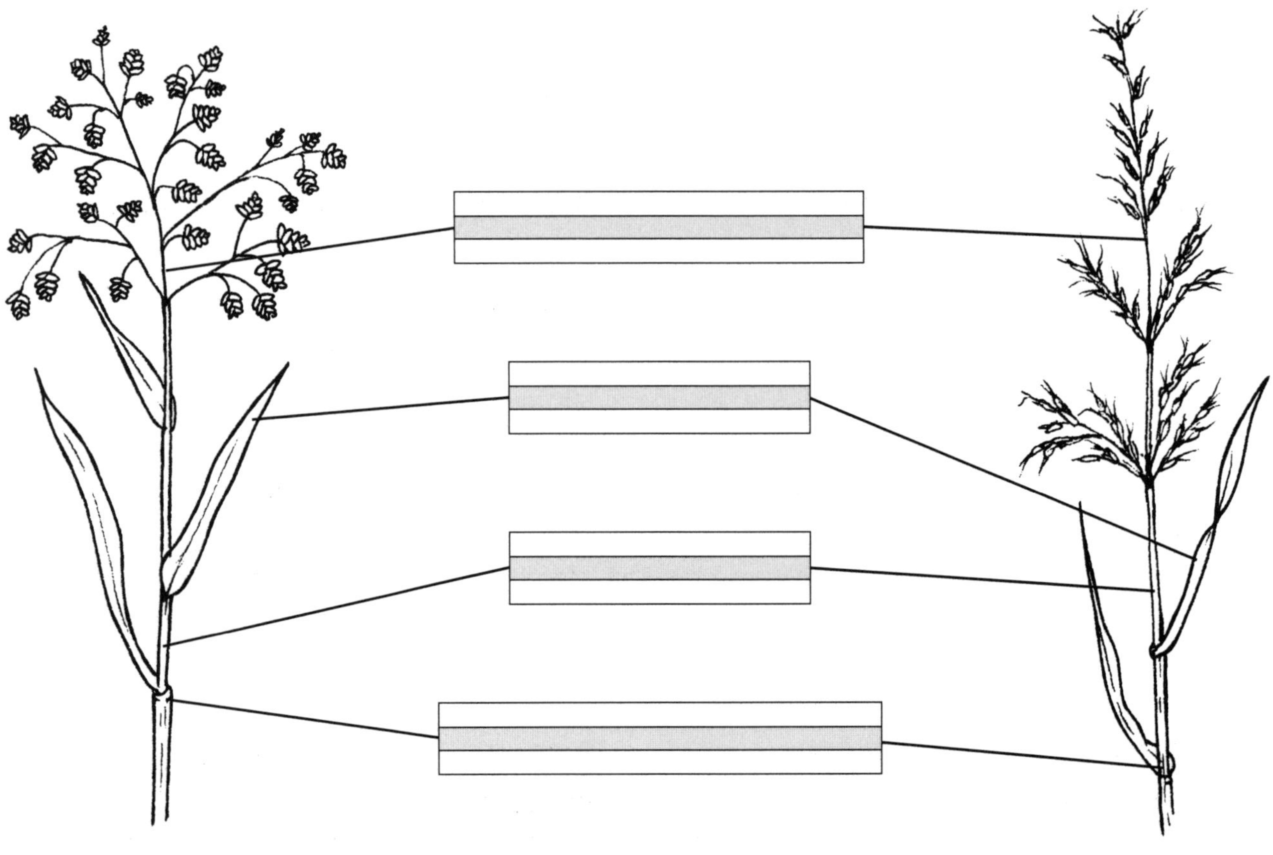

Bestimmungskarten: Wiesengräser (1)

Deutsches Weidelgras

Blütenstand: Ährengras
Blütezeit: Mai bis August

Wiesenknäuelgras

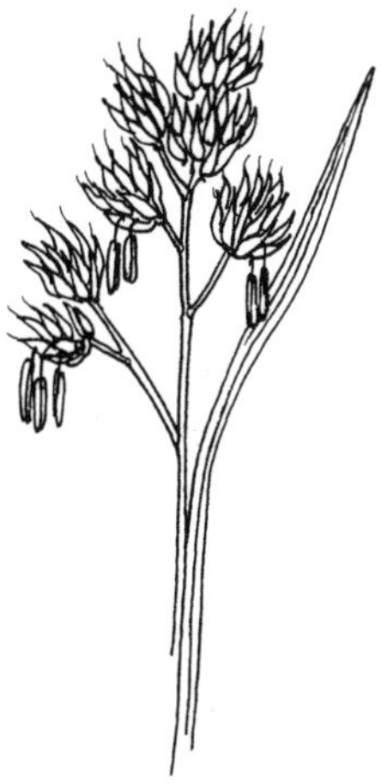

Blütenstand: Rispengras
Blütezeit: Mai bis September

Wiesenfuchsschwanz

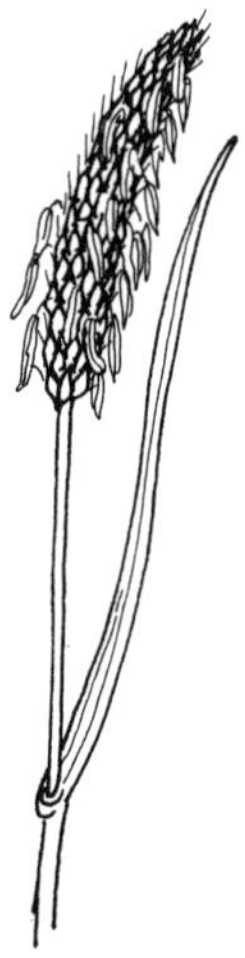

Blütenstand: Ährengras
Blütezeit: Mai bis Juli

Wiesenrispengras

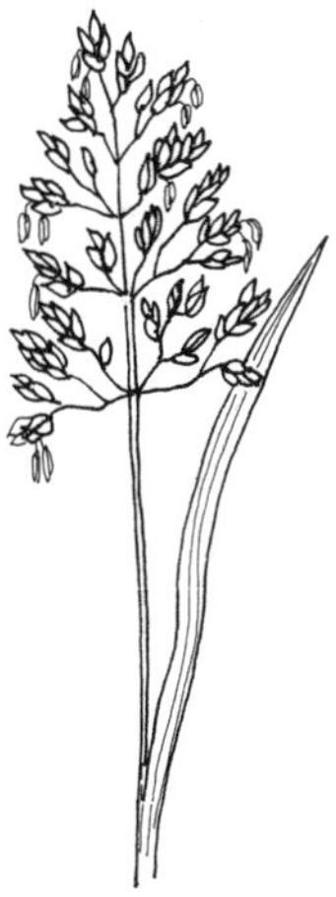

Blütenstand: Rispengras
Blütezeit: Mai bis Juli

Bestimmungskarten: Wiesengräser (2)

✂

Glatthafer

Blütenstand: Rispengras
Blütezeit: Mai bis August

Zittergras

Blütenstand: Rispengras
Blütezeit: Mai bis August

Gemeine Quecke

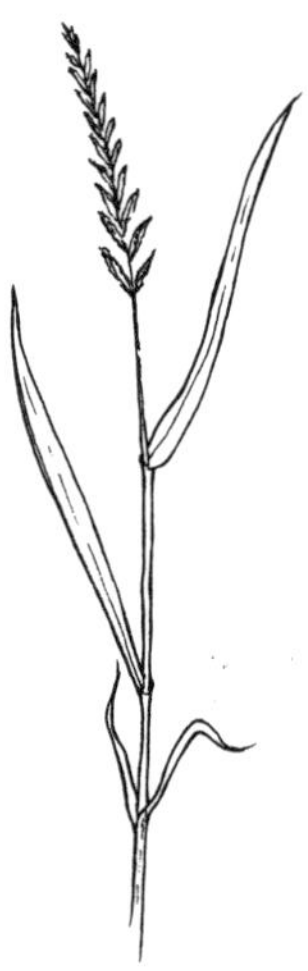

Blütenstand: Ährengras
Blütezeit: Juni bis Juli

Wiesenlieschgras

Blütenstand: Ährengras
Blütezeit: Juni bis August

Unser Klassen-Wiesenbuch

Gestaltet in der Klasse gemeinsam ein Wiesenbuch.

So wird's gemacht:

1. Sammelt bei einem Spaziergang möglichst unterschiedliche Wiesenpflanzen. Presst sie zwischen Zeitungen und dicken Büchern.
2. Klebt die getrockneten Pflanzen auf einzelne Blätter.
3. Ihr könnt auch Gräser und Blumen zeichnen.
4. Natürlich leben auf der Wiese auch viele Tiere. Schneidet Bilder aus Zeitschriften aus und klebt sie auf. Ihr könnt die Tiere auch zwischen die Pflanzen malen.
5. Sammelt alle Blätter und legt das Deckblatt darauf. Verbindet die Blätter mit einem Klammerhefter oder mit einem Band zu einem Klassenbuch.

Viel Spaß!

✂ -

Unser Wiesenbuch

Klasse: ________

Eine Wiese im Karton

Damit du den Sommer immer in deiner Nähe hast, kannst du dir eine eigene Wiese ansäen. Das ist gar nicht schwer!

Du brauchst:

- einen größeren Karton (z. B. Schuhkarton)
- eine dünne Folie
- Klebestreifen oder Heftklammern
- Stricknadel
- kleine Steine, Sand und Erde
- Gras- und Wiesenblumensamen

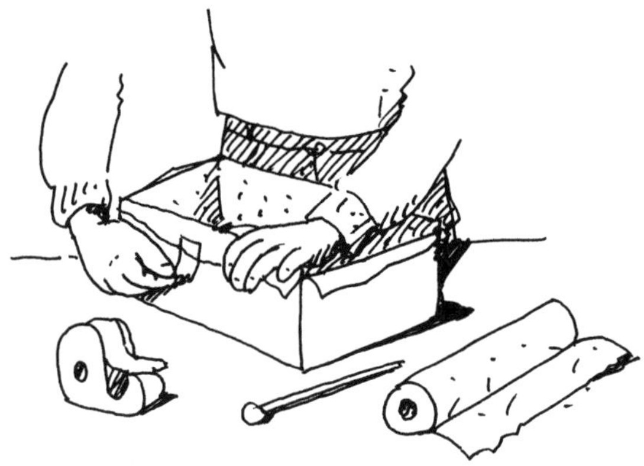

So wird's gemacht:

1. Stich mit einer Stricknadel viele kleine Löcher in die Folie. Lege die Folie in den Karton und befestige sie mit Klebestreifen oder Heftklammern am Rand.

2. Bedecke den Boden anschließend dicht mit kleinen Steinen. Vermische Erde mit Sand und fülle den Karton damit auf.

3. Nun kannst du die Samen einstreuen und festdrücken. Gieße deine Wiese im Karton täglich. Überwässere sie aber nicht.

Name:

Wiesentagebuch

Erstes Grün am: ______________

Datum					
Höhe	_____ cm	_____ cm	_____ cm	_____ cm	_____ cm

Wiesenblumen

Name	Blütenfarbe	Blühzeit
		von _______ bis _______
		von _______ bis _______
		von _______ bis _______

Wiesengräser

Name	Wuchshöhe
	_____ cm
	_____ cm
	_____ cm

Das fällt mir noch auf:

Name:

Die Sommerwiese

Schau dir die Bilder an. Mit welchem Sinn kannst du die Wiese wahrnehmen? Kannst du etwas hören, riechen oder fühlen? Kreise das passende Symbol ein.

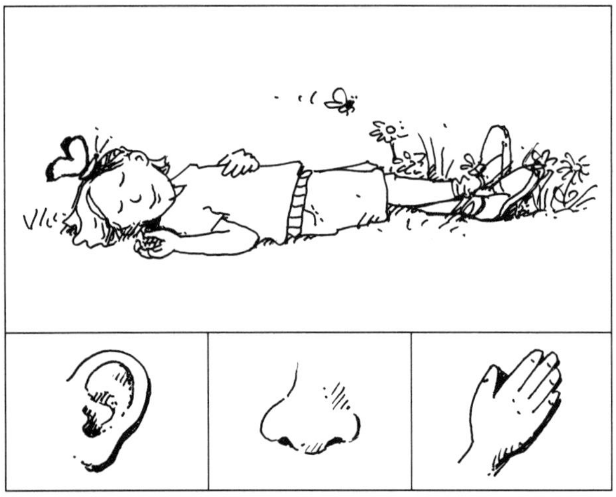

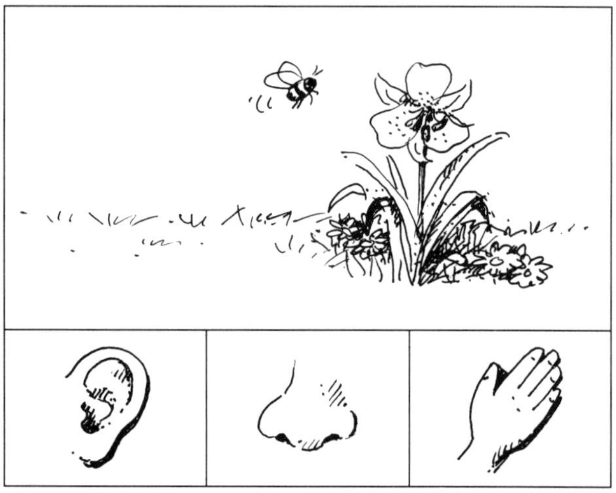

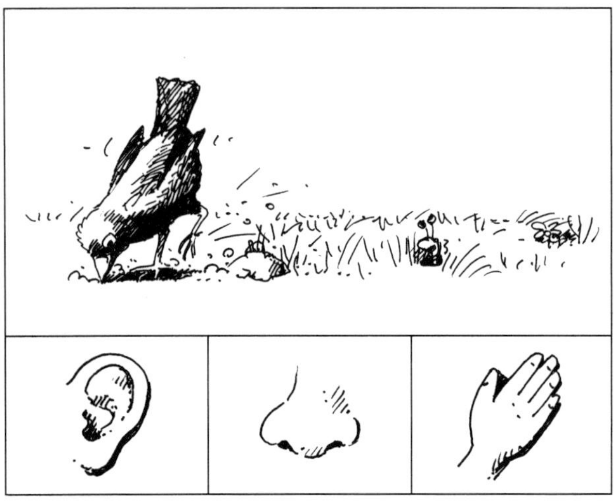

Gräser-Domino

✂

Gräser-Domino

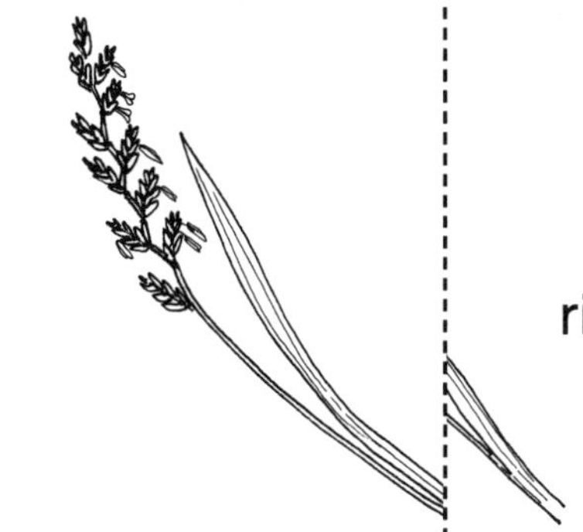

Wiesen-
rispengras

Wiesen-
fuchsschwanz

Glatthafer

Deutsches
Weidelgras

Zittergras

Wiesen-
knäuelgras

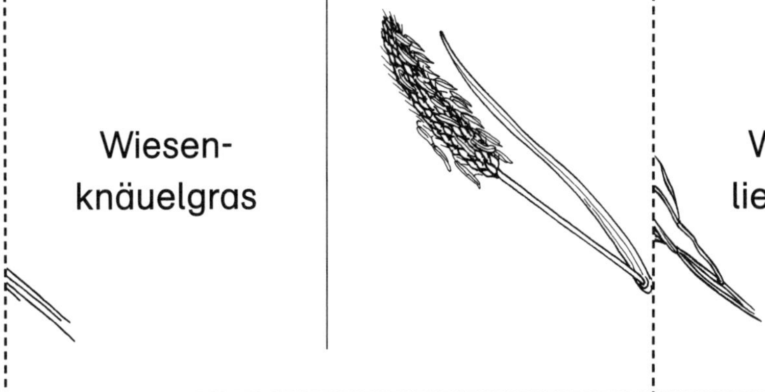

Wiesen-
lieschgras

ENDE

Wiesenblumen

Schneide die Kärtchen aus und lege die Blumen zusammen. Klebe sie auf, schreibe die Namen dazu und male sie in der richtigen Farbe an.

Margerite Gänseblümchen Wiesenklee

Schafgarbe Hahnenfuß Spitzwegerich

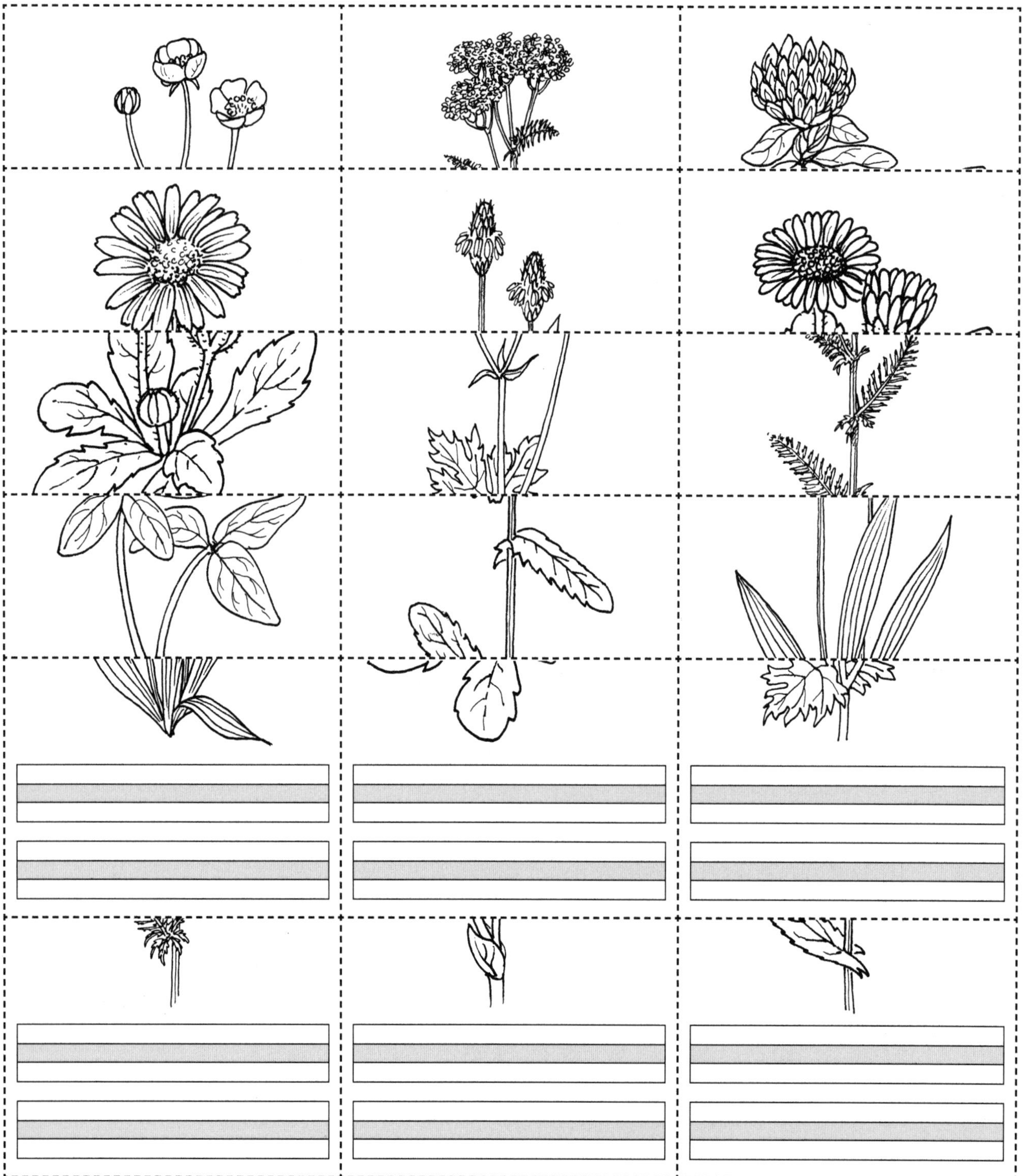

Name:

Wiesenpflanzen-Rätsel

Trage die Namen der Wiesenpflanzen ein. Die Bilder und das Lösungswort helfen dir.

Wiesenblumen:

1

3

8

10

13

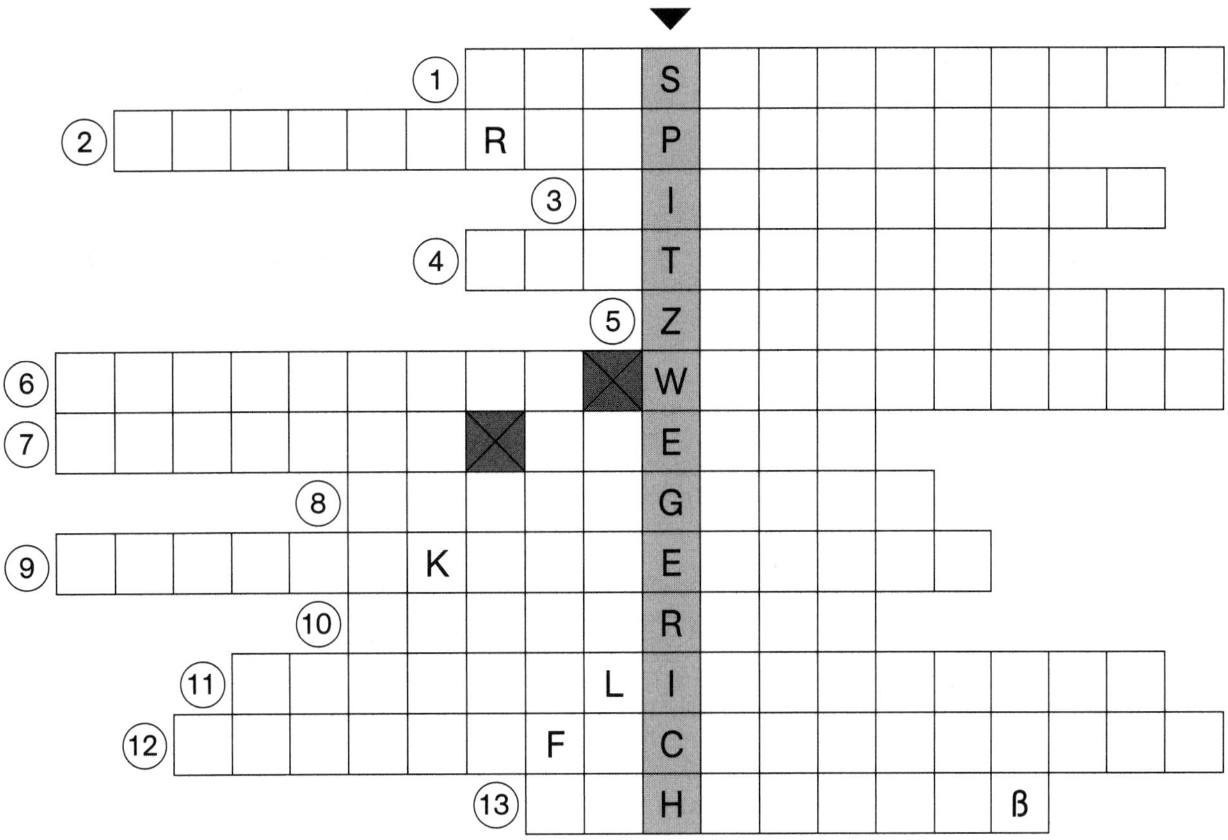

Gräser:

2

4

5

6

7

9

11

12

Kränze aus Gräsern und Blüten

Gräser und Blumen kannst du zu Kränzen binden oder zusammenstecken.
Sie sind ein schöner Haarschmuck.

1. Möglichkeit

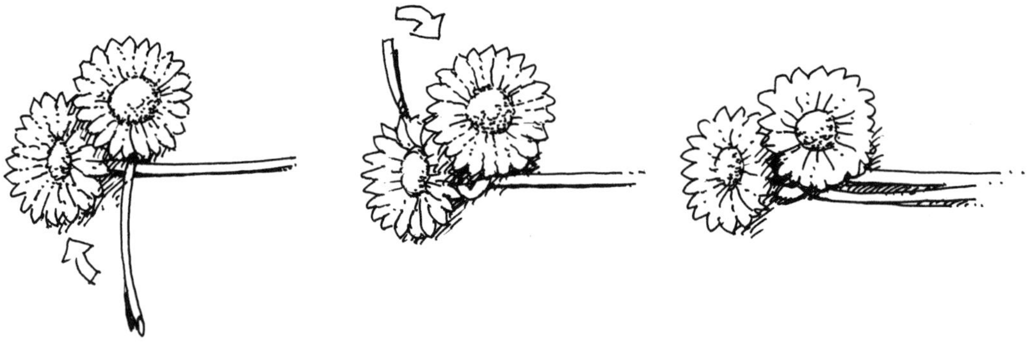

So wird's gemacht:

1. Lege die Stängel von zwei Blumen über Kreuz.
2. Schlinge den Stängel der oben liegenden Blume um den anderen Stängel.
3. Lege die Stängel zusammen.
4. Nimm die nächste Blume und wiederhole diese Reihenfolge.
   Verbinde die letzte Blume mit der ersten Blume. Dann ist der Kranz fertig.

Tipp: Du kannst zwischen Blumen und Gräsern abwechseln.

---

2. Möglichkeit

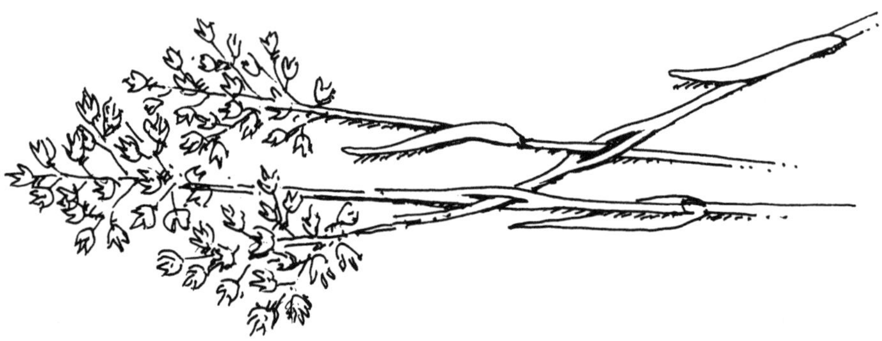

So wird's gemacht:

1. Ritze mit deinem Fingernagel oder einem kleinen Messer den Stängel oder Halm unterhalb der Blüte oder Rispe ein.
2. Schiebe den Halm der nächsten Pflanze durch den anderen.
3. Schiebe die beiden Pflanzen so zusammen, dass die Rispen oder Blütenköpfe dicht aneinanderliegen.
4. Ritze nun den Stängel oder Halm der durchgeschobenen Pflanze ein und stecke die nächste Wiesenpflanze durch.
5. Wiederhole diese Reihenfolge, bis der Kranz fertig ist.

Grußkarten aus der Natur

Mit gepressten Wiesenpflanzen kannst du schöne Karten für Glückwünsche oder Einladungen herstellen.

Du brauchst:

- festes, farbiges Papier, z. B. Tonpapier (DIN A4)
- weißes Papier (DIN A4)
- Flüssigkleber
- gepresste Wiesenpflanzen
- Farbstifte

So wird's gemacht:

1. Knicke das feste Papier einmal in der Mitte.
2. Probiere auf der Kartenvorderseite aus, wo du die Gräser oder die Blume platzieren möchtest.
3. Bestreiche die gepresste Wiesenpflanze vorsichtig mit flüssigem Kleber und lasse ihn kurz antrocknen.
4. Drücke nun die Pflanze fest auf die Karte.
5. Beschwere die Karte mit sauberen Steinen oder Büchern, bis der Kleber vollständig getrocknet ist.
6. Falte das weiße Papier einmal in der Mitte. Schreibe deinen Glückwunsch- oder Einladungstext hinein und lege das Blatt in die Karte.

Name:

Auf der Wiese unterwegs

Schau dich auf einer Wiese einmal genau um. Vielleicht kannst du ja dann diese Tiere entdecken.

Wie heißen sie? Trage ihre Namen in die Geheimschrift ein.

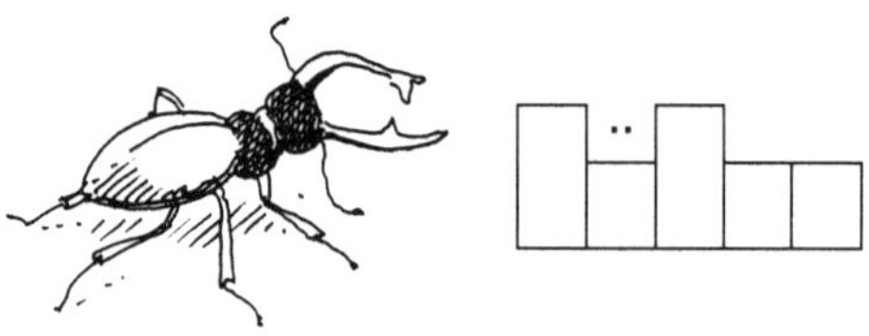

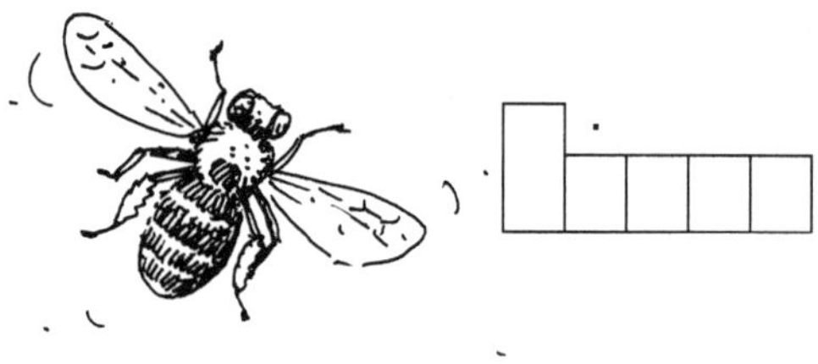

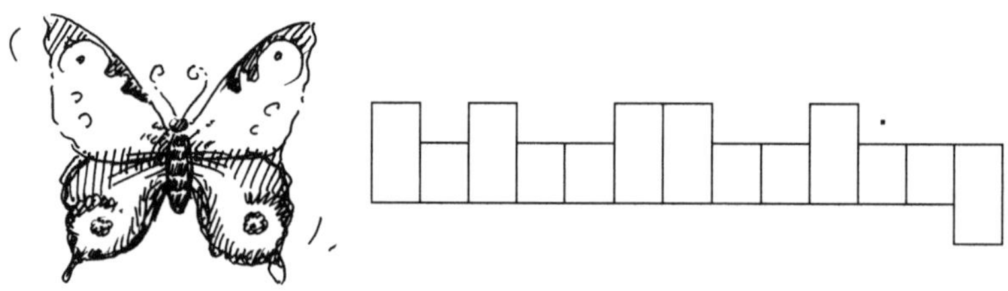

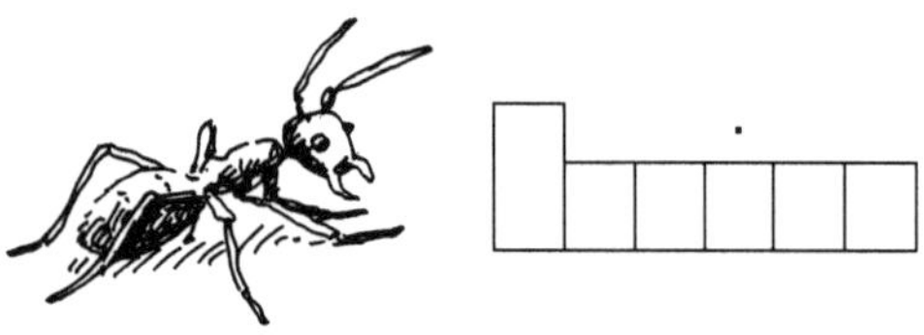

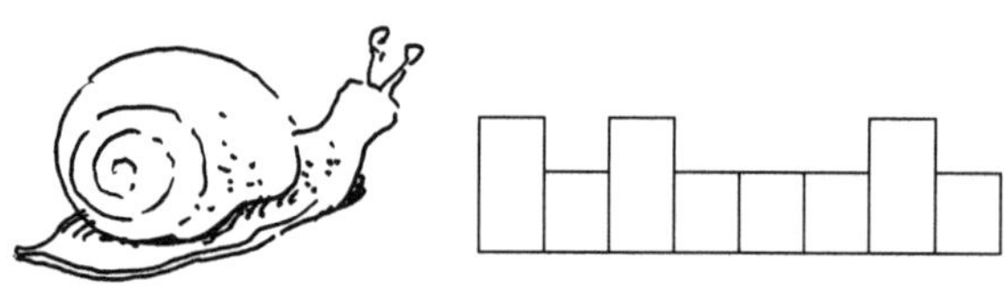

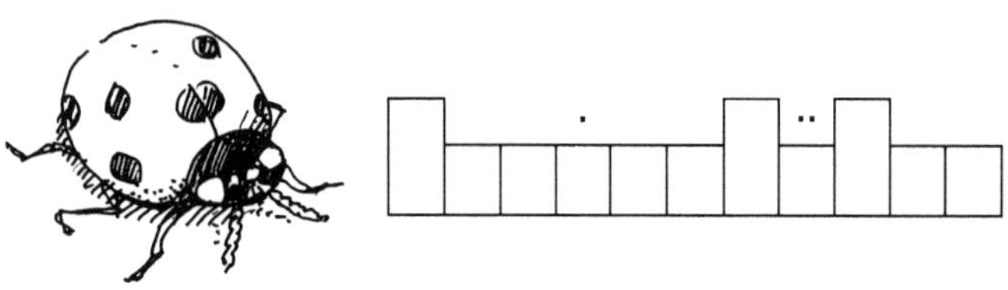

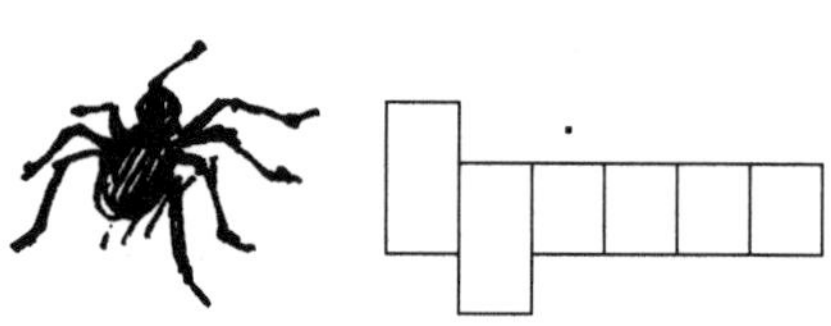

Name:

Was krabbelt da?

Wie viele dieser Tiere kannst du auf dem Wiesenbild entdecken? Zähle sie. Mache Striche beim jeweiligen Tier.

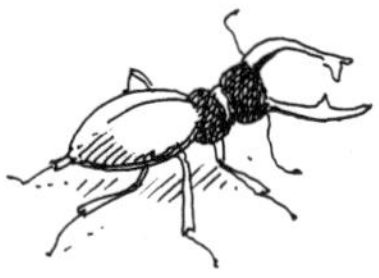

Auf dem Wiesenbild kannst du noch drei weitere Tiere finden. Wie heißen sie? Schreibe ihre Namen auf.

Summ, summ, summ

Text: Heinrich Hoffmann von Fallersleben
Musik: aus Böhmen

2. Such in Blumen, such in Blümchen
dir ein Tröpfchen, dir ein Krümchen.

3. Kehre heim mit reicher Habe,
bau uns manche volle Wabe.

Mein Liedheft

Du brauchst:
- Farbstifte
- Schere
- Klammerhefter

So wird's gemacht:
1. Male zu jeder Strophe ein passendes Bild auf das Kärtchen.
2. Schneide die Kärtchen aus.
3. Lege sie in der richtigen Reihenfolge hintereinander. Ganz oben liegt das Blatt mit dem Titel des Liedes.
4. Hefte die Blätter mit dem Klammerhefter zu einem Liedheft zusammen.

Liedheft

Summ, summ, summ

von

Summ, summ, summ,
Bienchen, summ herum.

1. Strophe

Ei, wir tun dir nichts zuleide,
flieg nur aus in Wald und Heide.

2. Strophe

Such in Blumen, such in Blümchen
dir ein Tröpfchen, dir ein Krümchen.

3. Strophe

Kehre heim mit reicher Habe,
bau uns manche volle Wabe.

Das fällt mir noch zu dem Lied ein:

Bienchen summm herum!

Du brauchst:
- Klopapierrolle
- Pinsel und Wasserfarben
- schwarzen Pfeifenputzer, ca. 50 cm
- weißes oder hellblaues Tonpapier
- Schere und spitzen Bleistift
- Klebestreifen
- durchsichtigen Nylonfaden

So wird's gemacht:

1. Bemale die Klopapierrolle abwechselnd mit schwarzen und gelben Streifen. Stelle die Rolle aufrecht hin und lasse sie trocknen.
2. Bohre auf einer Seite in den Rand der Klopapierrolle mit der Bleistiftspitze zwei Löcher. Stecke einen Pfeifenputzer (20 cm) durch diese beiden Löcher. Biege ihn passend als Fühler.

3. Biege drei Pfeifenputzer (je 10 cm) in V-Form. Befestige sie mit Klebestreifen hintereinander an der Unterseite der Klopapierrolle. Das sind die Beine der Biene.
4. Schneide die Vorlage für die Flügel aus. Lege sie auf das Tonpapier, umfahre sie mit Bleistift und schneide sie aus.

5. Klebe die Flügel mit einem Klebestreifen an der Oberseite der Klopapierrolle an.
6. Befestige mit einem Klebestreifen einen durchsichtigen Nylonfaden auf dem Rücken der Biene.

Tipp: Betrachte vor dem Basteln eine Biene genau!
Dann weißt du, wo du die Flügel und Beine anbringen musst!

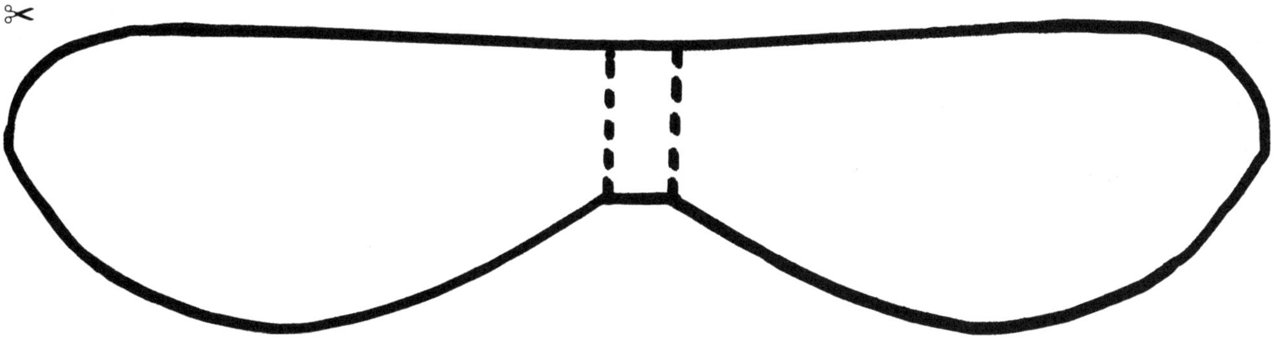

3. Kapitel: Obst und Beeren

Vorbemerkung

Im Sommer reifen viele heimische Obstsorten. Die meisten Kinder wissen schon früh, dass Obst zu einer ausgewogenen Ernährung gehört. Es regt den Appetit an, wirkt positiv auf die Verdauung, beugt Erkrankungen vor und hilft dem Gedächtnis auf die Sprünge.

Die Fruchtreife in den Sommermonaten, aber auch der hohe Gehalt an Vitamin C macht Beerenobst so interessant für den Unterricht. Beerensträucher findet man als wildwachsende Heckensträucher genauso wie als angesiedelte Sträucher des Gartens. Sie sind für die Schüler in der Regel also ohne großen Aufwand verfügbar.

Die Kinder lernen in diesem Kapitel unterschiedliche Obstsorten zu unterscheiden. Eine selbst gemachte Obstkartei verschafft den Schülern einen guten Überblick über die einzelnen Früchte. Verschiedene Rezeptvorschläge laden zum Nachmachen ein.

Lehrplanbezug

Sachunterricht

- Obst und heimische Strauchfrüchte unterscheiden und benennen
- Gesunde Ernährung
- Gemeinsam kochen und essen

Deutsch

- Einfache Anleitungen verstehen
- Aus Texten Informationen entnehmen
- Sammelnamen finden
- Die Lesetechnik weiterentwickeln
- Informationen aus einer Tabelle entnehmen und versprachlichen

Zu den Kopiervorlagen

KV Seite 57–59

Obstquartett

Mit dem Quartett lernen die Kinder auf spielerische Weise verschiedene Obstsorten kennen und prägen sich deren Aussehen und weitere wichtige Merkmale (z. B. Erntezeit) ein. Zunächst ergänzen die Schüler die fehlenden Angaben. Die jeweilige Erntezeit können die Schüler der Kopiervorlage „Erntekalender“ (Seite 62) entnehmen. Als Hilfe zur Unterscheidung der Obstsorten in Kern-, Stein- und Beerenobst können Sie vorbereitend die Kopiervorlage „Obsternte“ (Seite 60) einsetzen.

Die Kinder malen die Karten farbig an und schneiden sie aus. Zur besseren Haltbarkeit werden die Spielkarten auf Karton geklebt und mit Folie überzogen oder laminiert. Die Schüler spielen das Obstquartett nach den bekannten Regeln für Quartettspiele.

Alternativ ordnen die Kinder die zusammengehörenden Karten einander zu. Die Informationen auf den Karten können sie gesammelt in ihrem Heft notieren.

Lösung

	Wächst an	Frucht	Erntezeit	Obstart
Birne	Baum	Birne	August bis September	Kernobst
Kirsche	Baum	Kirsche	Juni bis Juli	Steinobst
Pflaume	Baum	Pflaume	Juli bis September	Steinobst
Johannisbeere	Strauch	Johannisbeere	Juli bis August	Beerenobst
Himbeere	Strauch	Himbeere	Juli bis August	Beerenobst
Stachelbeere	Strauch	Stachelbeere	Juni bis Juli	Beerenobst
Erdbeere	Strauch	Erdbeere	Juni bis Juli	Beerenobst
Brombeere	Strauch	Brombeere	August bis September	Beerenobst

KV Seite 60

Obsternte

Das Angebot an heimischen Obstsorten ist in den Sommermonaten sehr groß. Als Vorarbeit zu dieser Kopiervorlage klären Sie anhand mitgebrachter Früchte im Unterrichtsgespräch den Unterschied zwischen Kern-, Stein- und Beerenobst.

Zunächst schneiden die Schüler die Bilder der Früchte aus und kleben sie jeweils in den richtigen Korb. Anschließend malen die Kinder die abgebildeten Früchte mit den richtigen Farben aus.

Lösung
Steinobst: Pflaume, Kirsche; Kernobst: Apfel, Birne; Beerenobst: Johannisbeere, Erdbeere, Brombeere, Himbeere, Stachelbeere

Kern-, Stein- und Beerenobst
Früchte mit kleinen Kernen nennt man „Kernobst“, Früchte mit einem Kern, der von einem saftigen Fruchtfleisch umgeben ist, „Steinobst“. Als „Beerenobst“ bezeichnet man umgangssprachlich Früchte, die viele kleine Kerne im Fruchtfleisch enthalten.

KV Seite 61

Strauchfrüchte
Auf dieser Kopiervorlage lernen die Kinder fünf Strauchfrüchte kennen. Sie ordnen den Beeren die richtigen Namen zu. Anschließend malen sie die Beeren in den entsprechenden Farben aus. Erleichtern Sie den Kindern das Ausfüllen des Arbeitsblattes, indem Sie ihnen die Früchte zeigen. Die Namen prägen sich besser und dauerhafter ein, wenn die Schüler die Beeren probieren dürfen (Lernen mit allen Sinnen).

Lösung

Himbeere

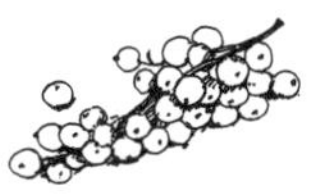
Johannisbeere

Brombeere

Stachelbeere

Erdbeere

KV Seite 62

Erntekalender
In dem Erntekalender ergänzen die Kinder zunächst die fehlenden Monatsnamen. Anschließend üben sie, der Tabelle Informationen zu entnehmen und diese zu versprachlichen. Die Früchte sind alphabetisch geordnet, sodass die Schüler das von ihrem Partner erfragte Obst nach diesem Ordnungsprinzip suchen müssen. Auch Fragestellungen nach dem Muster „Welches Obst ist im Juni reif?“ sind möglich.

KV Seite 63

Obstkartei
Mithilfe der Kopiervorlage dokumentieren die Kinder einzeln oder in Gruppenarbeit in einer sehr übersichtlichen Form, was sie über verschiedene Früchte wissen. Die Schüler schauen sich ihre jeweilige Frucht an, malen sie oder schneiden Abbildungen der Früchte aus Prospekten aus, kleben sie auf und vermerken weitere Informationen auf der Karteikarte. Hängt man die einzelnen Seiten im Klassenzimmer nebeneinander, sind Merkmale und Unterschiede auf einen Blick sichtbar.

In Klarsichtfolien gesteckt, sind die Karteikarten haltbarer. Außerdem können die Schüler so auch Zusatzmaterial ergänzen: Im Zusammenhang mit der Verwertbarkeit der Obstsorten sammeln die Kinder Rezepte. Oder sie beobachten einige Sträucher oder Bäume über einen längeren Zeitraum und dokumentieren die Entwicklungen, zum Beispiel: Wie wird aus der Blüte des Brombeerstrauches eine Brombeere?

KV Seite 64

Sommerzeit – Einmachzeit
Die Kinder lernen, in welcher Form Obst haltbar gemacht werden kann. Sie setzen die verpurzelten Wörter richtig zusammen und schreiben sie auf. Als Wiederholung bereits bekannter Beerensorten beschriften die Kinder die Etiketten.

Erklären Sie den Schülern die unterschiedlichen Verfahren zum Haltbarmachen von Früchten: Für Säfte werden die Früchte ausgepresst, aufgekocht und in saubere Flaschen abgefüllt. Gelee wird aus gekochtem Fruchtsaft und Zucker hergestellt. Für Konfitüre verwendet man das Fruchtmark und kocht es mit Zucker ein. Kompott entsteht, wenn man Fruchtstückchen mit Wasser und Zucker gart und heiß in Gläser abfüllt.

Für ein Ratespiel bringen die Kinder verschiedene selbst eingemachte Früchte mit in den Unterricht oder Sie besorgen diese selbst. Geben Sie jeweils einen Löffel davon auf einen Teller und lassen Sie die Schüler anhand der Farbe raten, um welche Frucht es sich handelt. Anschließend dürfen die Kinder kosten, um ihre Vermutungen zu überprüfen.

Auf Seite 69 finden Sie zwei Rezepte für Brombeerkonfitüre, die Sie mit Ihrer Klasse nachkochen können.

Lösung
Gelee, Konfitüre, Kompott, Saft
Himbeere, Brombeere, Stachelbeere, Erdbeere

Marmelade – Konfitüre
Die Bezeichnung „Marmelade“ wurde früher synonym für Konfitüre verwendet. Seit 1982 gibt es aber eine EU-weite „Konfitürenverordnung“, die wegen der Ähnlichkeit zum englischen Wort „marmalade“ den Begriff für Fruchtaufstriche aus Zitrusfrüchten reserviert. Die Vorschrift verbietet es, Produkte aus anderen Früchten als Zitrusfrüchten im Verkauf als „Marmelade“ zu bezeichnen.

KV Seite 65

Der Himbeerstrauch

Die Kopiervorlage dient dazu, das sinnverstehende Lesen zu vertiefen. Die Schüler entnehmen dem Text Informationen, die sie dann in dem Malauftrag umsetzen. Ziel ist, die beiden Himbeerzweige mit den richtigen Farben anzumalen.

Kochen mit Beeren

Beeren enthalten viel Vitamin C, sind also sehr gesund. Mit Beeren lassen sich viele leckere und gesunde Speisen zubereiten. So lernen die Kinder, welche Lebensmittel zu einer ausgewogenen Ernährung gehören und wie sie gesunde Speisen herstellen können. Der Merkeffekt bei den Schülern ist umso größer, je intensiver sie an der Zubereitung beteiligt sind und auch eigene Ideen einbringen dürfen.

Kochen Sie – je nach Zeitplanung – einzelne Gerichte oder alle Rezepte mit Ihrer Klasse nach und essen Sie die Speisen anschließend gemeinsam. Auf einem Schulfest oder Elternabend können Sie die Gerichte auch zum Kauf anbieten.

Dem Zubereiten der Speisen kann ein Unterrichtsgang zum Markt oder in ein Lebensmittelgeschäft vorausgehen, wo die Kinder selbst alle benötigten Zutaten einkaufen dürfen. Dafür schreiben sie einen Einkaufszettel, nehmen genügend Geld mit und machen sich dann mit Körben und Taschen auf den Weg. Ein Rollenspiel im Klassenverband kann die Einkaufssituation vorbereiten.

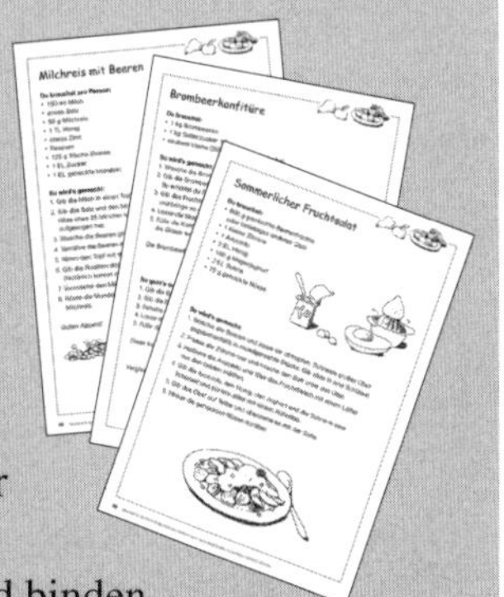

Die Kinder können mit den Kochanleitungen auch ein Rezeptbuch basteln. Dafür gestalten sie die einzelnen Rezepte farbig und lochen die Seiten. Ein Foto oder selbstgemaltes Bild dient als weitere Illustration der Seite. Mit einer Kordel oder einem Geschenkband binden die Schüler die Rezepte zusammen. Zur besseren Haltbarkeit können Sie die Rezepte auch in Klarsichtfolien stecken oder laminieren. Von zu Hause mitgebrachte Rezepte für Beerengerichte erweitern das Kochbuch. Die Rezeptsammlung können die Schüler beliebig erweitern und beispielsweise in Frühlings- Sommer-, Herbst- und Wintergerichte untergliedern.

KV Seite 66

Sommerlicher Fruchtsalat

Bitten Sie die Kinder, ihre Eltern, Verwandten oder Freunde zu fragen, ob sie Beerensträucher besitzen, von denen die Schüler das Obst pflücken dürfen. Planen Sie eventuell einen Unterrichtsgang ein, damit alle Kinder Gelegenheit haben, sich die Sträucher genau anzuschauen und die Beeren für den Fruchtsalat selbst zu ernten.

KV Seite 67

Johannisbeer-Apfel-Salat

Das Rezept für den Obstsalat ist ohne großen Aufwand umsetzbar. Der Johannisbeer-Apfel-Salat eignet sich ebenso wie der sommerliche Fruchtsalat (vgl. Seite 66) als leckerer und gesunder Pausensnack.

KV Seite 68

Milchreis mit Beeren

Weisen Sie die Kinder darauf hin, dass sie beim Benutzen elektrischer Geräte (z. B. Herd) immer einen Erwachsenen um Hilfe bitten sollten. Achten Sie darauf, dass die Kinder die Milch nicht überkochen lassen und beim Anfassen des heißen Topfes Topflappen verwenden (Sicherheitserziehung).

KV Seite 69

Brombeerkonfitüre

Achten Sie beim Kochen und Abfüllen der heißen Konfitüre darauf, dass sich die Kinder nicht verbrennen. Die Gläser für die Brombeerkonfitüre müssen ganz sauber sein, da sich sonst leicht Schimmel bildet. Als Vorlage für das Herstellen eigener Etiketten können Sie die Kopiervorlage „Sommerzeit – Einmachzeit“ (Seite 64) heranziehen.

Lassen Sie die Schüler die Konfitüre in verschiedenen Variationen kosten: beispielsweise als Brotaufstrich auf Vollkornbrot mit Quark oder als fruchtige Geschmackszutat in Naturjoghurt.

Obstquartett (1)

Apfel A Wächst an:  Baum	Apfel B Frucht:  Apfel	Apfel C Erntezeit: August bis September	Apfel D Obstart:  Kernobst
Birne A Wächst an: 	Birne B Frucht: 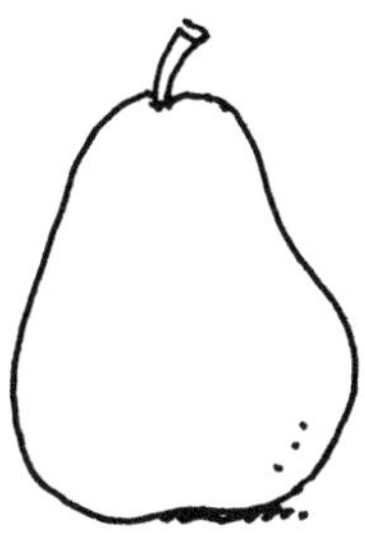	Birne C Erntezeit:	Birne D Obstart: 
Kirsche A Wächst an: 	Kirsche B Frucht: 	Kirsche C Erntezeit:	Kirsche D Obstart: 

Obstquartett (2)

✂

Pflaume A

Wächst an:

Pflaume B

Frucht:

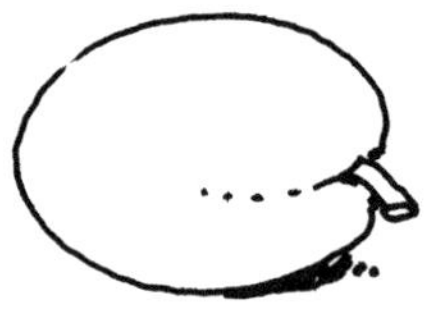

Pflaume C

Erntezeit:

Pflaume D

Obstart:

Johannisbeere A

Wächst an:

Johannisbeere B

Frucht:

Johannisbeere C

Erntezeit:

Johannisbeere D

Obstart:

Himbeere A

Wächst an:

Himbeere B

Frucht:

Himbeere C

Erntezeit:

Himbeere D

Obstart:

Obstquartett (3)

✂

Stachelbeere A

Wächst an:

Stachelbeere B

Frucht:

Stachelbeere C

Erntezeit:

Stachelbeere D

Obstart:

Erdbeere A

Wächst an:

Erdbeere B

Frucht:

Erdbeere C

Erntezeit:

Erdbeere D

Obstart:

Brombeere A

Wächst an:

Brombeere B

Frucht:

Brombeere C

Erntezeit:

Brombeere D

Obstart:

Name:

Obsternte

Schneide die Bilder der Früchte aus und klebe sie in den passenden Korb. Male die Früchte in der richtigen Farbe an.

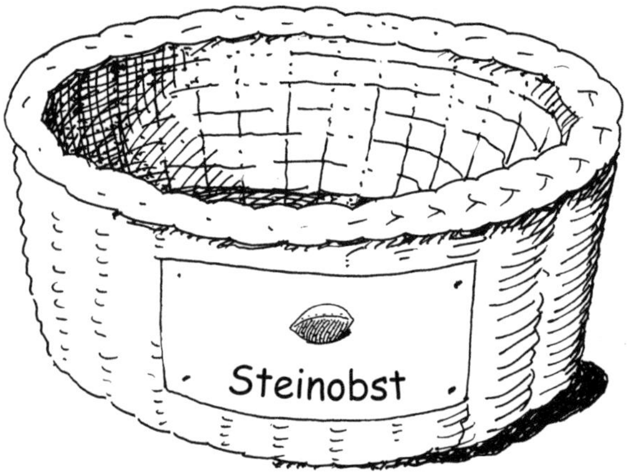

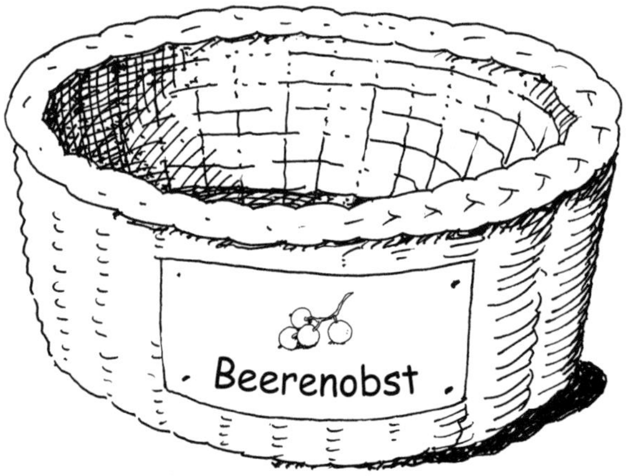

Name:

Strauchfrüchte

Diese Beeren wachsen an Sträuchern. Schreibe die Namen der Strauchfrüchte auf. Die Wörter im Obstkorb helfen dir.

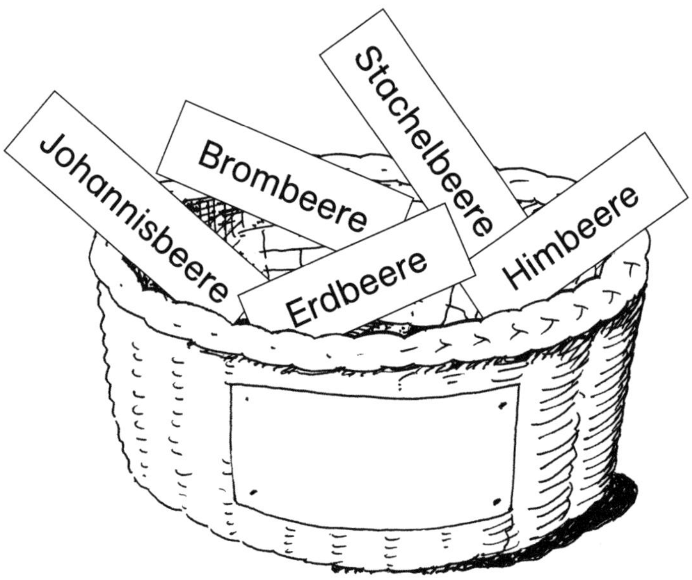

Male die Beeren in der richtigen Farbe an.

Name: 

Erntekalender

In diesem Kalender kannst du ablesen, wann das Obst reif ist.
Dann kannst du es ernten.

Schreibe die Monatsnamen in die passenden Spalten.

	Januar					Juni				Oktober		Dezember
	1	2	3	4	5	6	7	8	9	10	11	12
Apfel												
Birne												
Brombeere												
Erdbeere												
Heidelbeere												
Himbeere												
Johannisbeere												
Kirsche												
Pflaume												
Preiselbeere												
Stachelbeere												

Übe mit einem Partner.

Frage: „Wann sind die Himbeeren reif?“
Antwort: „Die Himbeeren sind im Juli und August reif.“

Name:

Obstkartei

Name der Frucht:

So sieht die Frucht von außen aus:	So sieht die Frucht aufgeschnitten aus:

Erntezeit:

Daraus macht man:

Das habe ich noch erfahren:

Name:

Sommerzeit - Einmachzeit

Das kannst du aus Obst herstellen. Dann ist es länger haltbar.

Setze die Wörter zusammen und schreibe sie unter die Gläser.

Schreibe die Namen der Früchte auf die Etiketten.

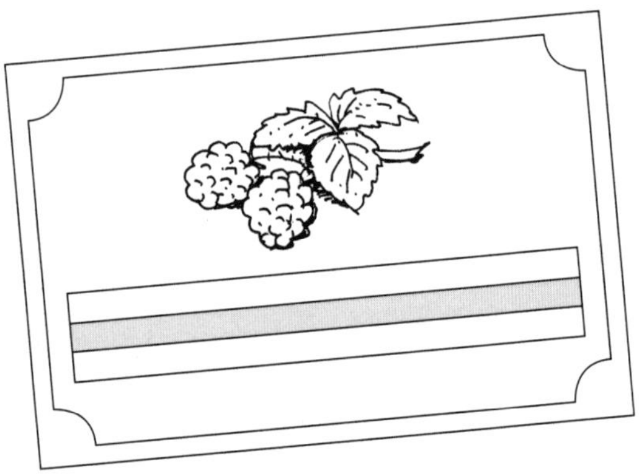

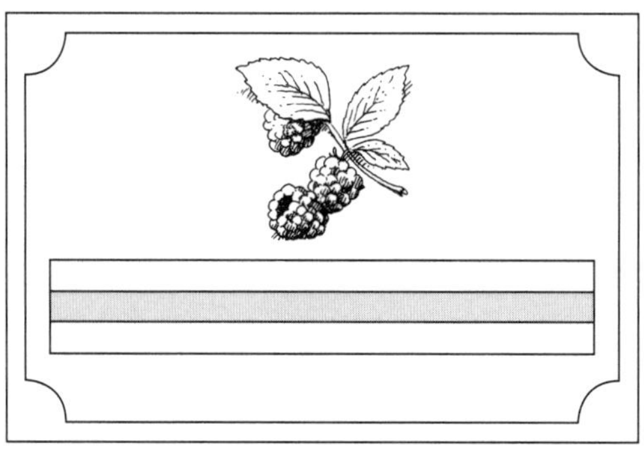

Name:

Der Himbeerstrauch

Lies den Text aufmerksam durch.

Der Himbeerstrauch wächst am Waldrand, an Wegrändern und ist auch oft in Hecken zu finden. Er wird etwa 1,50 Meter hoch. An den Zweigen und Blattstielen befinden sich viele schwarzrote Stacheln. Die Blätter sind auf der Oberseite grün, auf der Unterseite aber weiß gefärbt.
Im Frühling kann man aus den jungen Blättern einen wohlschmeckenden Tee zubereiten. Von Mai bis Juli bilden sich an den Trieben weiße Blüten. Ab Juli sind die roten Früchte reif und können gepflückt werden.

Male die beiden Bilder dem Text entsprechend aus.

Sommerlicher Fruchtsalat

Du brauchst für 4 Personen:

- 600 g gemischte Beerenfrüchte oder beliebiges anderes Obst
- 1 kleine Zitrone
- 1 Avocado
- 2 EL Honig
- 150 g Magerjoghurt
- 2 EL Sahne
- 75 g gehackte Nüsse

So wird's gemacht:

1. Wasche die Beeren und lasse sie abtropfen. Schneide großes Obst gegebenenfalls in mundgerechte Stücke. Gib alles in eine Schüssel.
2. Presse die Zitrone aus und mische den Saft unter das Obst.
3. Halbiere die Avocado und löse das Fruchtfleisch mit einem Löffel aus den beiden Hälften.
4. Gib die Avocado, den Honig, den Joghurt und die Sahne in eine Schüssel und püriere alles mit einem Rührstab.
5. Gib das Obst auf Teller und überziehe es mit der Soße.
6. Streue die gehackten Nüsse darüber.

Johannisbeer-Apfel-Salat

Du brauchst für 4 Personen:

- 350 g rote Johannisbeeren
- 150 g schwarze Johannisbeeren
- 2 süße Äpfel
- 1 EL Zitronensaft
- 2 EL Honig
- 150 g Dickmilch
- 1 EL Ahornsirup
- 2 EL Mandelblättchen

So wird's gemacht:

1. Wasche die Johannisbeeren, lasse sie abtropfen und zupfe sie von den Rispen.
2. Wasche die Äpfel, schneide sie in Viertel und befreie sie vom Kerngehäuse.
3. Schneide die Apfelviertel in kleine Würfel und beträufle sie mit Zitronensaft.
4. Gib das Obst in eine Schüssel und mische es mit dem Honig.
5. Für die Soße gießt du die Dickmilch mit dem Ahornsirup in eine Schüssel. Schlage beides mit dem Schneebesen schaumig.
6. Gieße die Soße über den Obstsalat und vermenge sie mit dem Obst.
7. Streue die Mandelblättchen darauf.

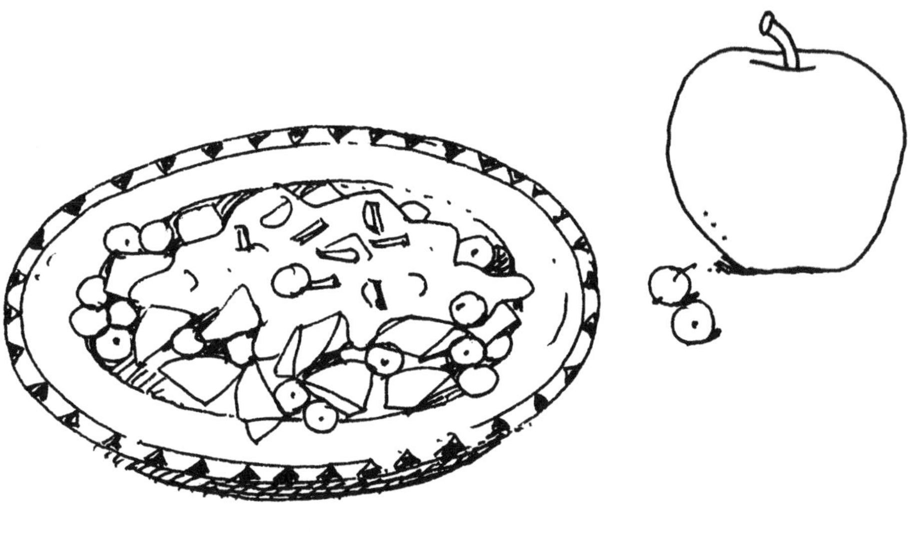

Milchreis mit Beeren

Du brauchst pro Person:

- 150 ml Milch
- etwas Salz
- 50 g Milchreis
- 1 TL Honig
- etwas Zimt
- Rosinen
- 125 g frische Beeren
- 1 EL Zucker
- 1 EL gehackte Mandeln

So wird's gemacht:

1. Gib die Milch in einen Topf und koche sie auf.
2. Gib das Salz und den Milchreis dazu und lasse alles zugedeckt bei kleiner Hitze etwa 25 Minuten köcheln. Rühre zwischendurch immer wieder um. Der Milchreis ist fertig, wenn er die Milch aufgesogen hat.
3. Wasche die Beeren gründlich und lasse sie in einem Sieb abtropfen.
4. Verrühre die Beeren mit dem Zucker und lasse sie etwas ziehen.
5. Nimm den Topf mit dem Milchreis vom Herd und lasse ihn etwas abkühlen.
6. Gib die Rosinen dazu und schmecke den Milchreis mit Honig und Zimt ab. (Natürlich kannst du die Rosinen auch weglassen.)
7. Vermische den Milchreis mit den Beeren und gib alles auf einen Teller.
8. Röste die Mandeln in einer Pfanne und streue sie über den fertigen Milchreis.

Guten Appetit!

Brombeerkonfitüre

Du brauchst:
- 1 kg Brombeeren
- 1 kg Gelierzucker 1:1
- saubere kleine Gläser mit Schraubdeckel

So wird's gemacht:
1. Wasche die Brombeeren gründlich und lasse sie gut abtropfen.
2. Gib die Brombeeren in ein Sieb und zerdrücke sie mit einem Kochlöffel. So erhältst du das Fruchtmark ohne Kerne.
3. Gib das Fruchtmark zusammen mit dem Gelierzucker in einen Kochtopf und bringe es unter ständigem Rühren zum Kochen.
4. Lasse die Masse bei starker Hitze 4 Minuten lang sprudelnd kochen.
5. Fülle die Konfitüre noch heiß in die Gläser und verschließe sie gut. Stelle die Gläser kopfüber auf und lasse sie abkühlen.

Die Brombeerkonfitüre ist etwa 6 Monate haltbar.

So geht's auch:
1. Gib die Brombeeren in eine Schüssel und zerkleinere sie mit einem Rührstab.
2. Gib die Brombeeren in die Schüssel einer Küchenmaschine.
3. Schalte die Maschine ein und gib den Gelierzucker dazu.
4. Lasse die Maschine 20 bis 30 Minuten auf höchster Stufe rühren.
5. Fülle die Konfitüre in Gläser und bewahre sie im Kühlschrank auf.

Diese kaltgerührte Brombeerkonfitüre ist etwa 4 Wochen haltbar.

Vergiss nicht, die Gläser mit selbst gemachten Etiketten zu beschriften!

4. Kapitel: Sonne, Hitze, Schatten

Vorbemerkung

Die Sonne ist für das Leben auf der Erde von großer Bedeutung: Sie liefert uns Licht und Wärme. Nur mithilfe des Sonnenlichts können Pflanzen den für Menschen und Tiere wichtigen Sauerstoff herstellen. Aus diesem Grund werden in diesem Kapitel einige Aspekte näher betrachtet, die in enger Verbindung mit der Sonne stehen.

Gerade im Sommer wird den Kindern bewusst, dass Wärme bzw. Hitze von der Sonne abhängt. Mithilfe eines Thermometers kann die Temperatur – im Gegensatz zum subjektiven Wärmeempfinden – objektiv festgestellt werden. Zu viel Sonne kann jedoch gefährlich werden, sodass sowohl der Mensch als auch Tiere und Pflanzen verschiedenste Schutzmechanismen entwickelt haben, die einen weiteren Schwerpunkt bilden. Schließlich hat Licht immer auch Schatten zur Folge, der durch Gegenstände verursacht wird, die sich vor der Lichtquelle befinden. Dieses Phänomen ermöglicht vielfältige Experimente in einem handlungsorientierten Unterricht.

Lehrplanbezug

Sachunterricht

- Thermometer als Messinstrument für Temperaturen kennenlernen
- Einfluss von Wärme auf verschiedene Materialien untersuchen
- Maßnahmen zum Schutz vor zu intensiver Sonneneinstrahlung kennenlernen
- Erfahrungen mit Licht und Schatten sammeln
- Die Beziehung zwischen Lichtquelle, Gegenstand und Schatten bestimmen

Deutsch

- Beobachtungen erfassen und beschreiben
- Einfache Anleitungen verstehen
- Aus Texten Informationen entnehmen
- Folgerichtig erzählen

Zu den Kopiervorlagen

KV Seite 74

Das Thermometer

Zunächst werden der Aufbau und die Wirkungsweise eines Thermometers als Gerät zur Messung von Temperaturen vorgestellt. Gehen Sie auf die verschiedenen Arten von Thermometern ein (z. B. Thermometer zum Messen der Außen- und Innentemperatur, Badethermometer, Fieberthermometer, Kühlschrankthermometer) und sprechen Sie, ausgehend von den verschiedenen Verwendungsweisen, über die unterschiedliche Skaleneinteilung.

Lösung

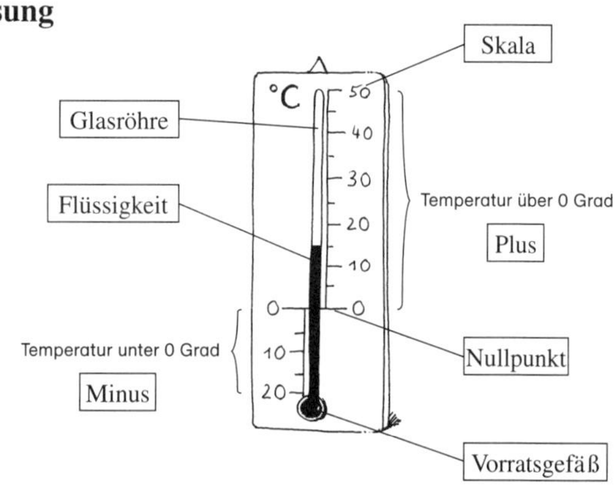

Temperaturmessung mit dem Thermometer

Obwohl das erste luftdicht verschlossene Thermometer erst um 1650 aufkam, wird die Erfindung des Thermometers dem italienischen Mathematiker, Physiker und Astronom Galileo Galilei (1564–1642) zugeschrieben.

Das moderne Alkohol- wie auch das Quecksilberthermometer wurde von dem deutschen Physiker Daniel Gabriel Fahrenheit (1686–1736) erfunden. Er stellte die erste weithin anerkannte und nach ihm benannte Temperaturskala auf, bei der der Gefrierpunkt des Wassers bei normalem Luftdruck auf 32 °F und der Siedepunkt auf 212 °F festgelegt ist. Nach der Celsiusskala, die von dem schwedischen Astronom, Mathematiker und Physiker Anders Celsius (1701–1744) entwickelt wurde, liegt der Gefrierpunkt bei 0 °C und der Siedepunkt bei 100 °C.

KV Seite 75

Ein Thermometer aus Karton

Mit dem selbst gebastelten Thermometer können die Kinder Einstell- und Ableseübungen durchführen. Kopieren Sie für die Herstellung des Thermometers die Kopiervorlage auf festen Karton oder lassen Sie die Kinder die Vorlage ausschneiden und dann auf Karton

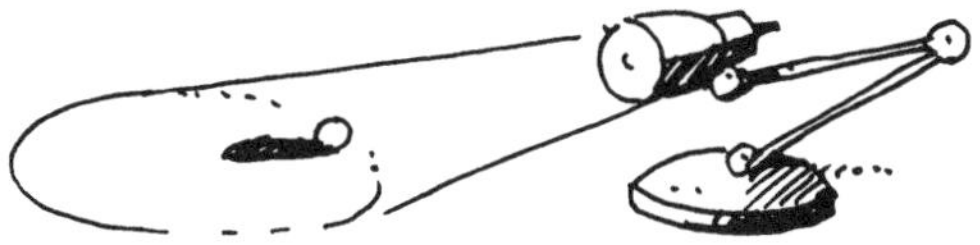

kleben. Haltbarer wird das Thermometer, wenn die einzelnen Vorlagen nach der farblichen Gestaltung der Kinder laminiert und dann fertiggestellt werden.

KV Seite 76/77

Was zeigt das Thermometer?

Die beiden Kopiervorlagen können nacheinander oder einzeln bearbeitet werden, lassen sich aber aufgrund ihres unterschiedlichen Schwierigkeitsgrads auch differenzierend einsetzen.

Auf dem ersten Arbeitsblatt üben die Kinder zunächst das korrekte Ablesen der Temperaturen. Anschließend verbinden sie die Sprechblasen mit den Radioansagen zum Wetter mit den entsprechenden Thermometern.

Die zweite Kopiervorlage ist etwas schwieriger: Hier sollen die Kinder den Texten die Temperaturangaben entnehmen und in die Thermometer einzeichnen. Dies erfordert neben dem Textverständnis eine genaue Arbeitsweise, denn schon geringe Ungenauigkeiten beim Einzeichnen führen zu einer falschen Lösung.

KV Seite 78

Temperaturbeobachtung

Das tägliche Ablesen und Aufschreiben der Temperatur führt die Kinder behutsam an die naturwissenschaftliche Arbeitsweise heran, Erkenntnisse schriftlich zu fixieren und auszuwerten.

Führen Sie die Ableseübung mindestens eine Woche lang jeden Morgen zur gleichen Zeit durch. Nur so werden die Daten für eventuell weiterführende Übungen vergleichbar. Möchten Sie die Temperaturbeobachtung über einen längeren Zeitraum fortsetzen, kopieren Sie die Vorlage entsprechend mehrmals.

Lassen Sie jeden Tag ein anderes Kind die Temperatur ablesen und in die Tabelle eintragen. Parallel dazu stellen die übrigen Schüler die abgelesene Temperatur auf dem gebastelten Thermometer (vgl. Seite 75) ein. Neben der Uhrzeit und der Temperatur sollten auch Beobachtungen zum Wetter (sonnig, bewölkt, regnerisch, neblig ...) stichpunktartig notiert werden. Die letzte Spalte bietet Raum für eigene Anmerkungen (z. B. heißester Tag der Woche ...).

Vielleicht macht es Ihrer Klasse auch Spaß, für die eingetragenen Daten eine Temperaturkurve zu erstellen oder für die Woche/den Monat die Durchschnittstemperatur zu berechnen. Entscheiden Sie über diese weiterführenden Aufgaben je nach Motivation und Leistungsfähigkeit Ihrer Schüler.

KV Seite 79

Sonnenwärme verändert Dinge

Die Wärme der Sonne reicht bereits aus, um Dinge zu verändern. Dafür ist keine künstlich erzeugte Hitze nötig. Diese Kopiervorlage zeigt einige Dinge aus dem täglichen Leben, die durch die Sonne, wenn auch teilweise nur fühlbar und nicht sichtbar, verändert werden. Diese Veränderungen stellen die Kinder zunächst bildlich dar. Erst dann werden sie auch sprachlich umgesetzt: Die Kinder ordnen die vorgegebenen Fachwörter den Bildern zu. Anschließend bringen sie die Verben in einen gedanklichen Zusammenhang, indem sie Sätze formulieren.

Mögliche Lösung

Die Eiswürfel schmelzen.
Das Wasser erwärmt sich.
Das Eis schmilzt.
Die Kerze verformt sich.

KV Seite 80/81

Vorsicht: Sonne!

Die Sonne ist unverzichtbar für alles Leben auf der Erde. Doch zu viel Sonne birgt Gefahren und kann der Gesundheit schaden. Auch für Pflanzen und Tiere können zu viel Hitze und ein hohes Maß an Sonnenbestrahlung gefährlich werden. Anhand der Kopiervorlagen erfahren die Kinder, über welche Schutzmechanismen Pflanzen verfügen und mit welchen Tricks sich Mensch und Tier vor den Gefahren der Sonnenstrahlen schützen können.

Auf der ersten Kopiervorlage sind verschiedene Schutzmöglichkeiten dargestellt. Die Kinder kennzeichnen farbig, welche Gruppe von Lebewesen welche Möglichkeiten zur Gefahrenreduzierung nutzt. Anschließend schneiden sie die Bilder aus.

Im folgenden Unterrichtsgespräch stellen die Kinder erste Vermutungen darüber an, welche Zwecke diese Schutzmaßnahmen erfüllen. Ergänzen Sie die Vorerfahrungen der Kinder und weisen Sie darauf hin, dass alle Lebewesen Wasser zum Leben benötigen, ja sogar zum großen Teil aus Wasser bestehen. Erklären Sie in diesem Zusammenhang auch den Begriff „Verdunstung".

Thematisieren Sie die Folgen von zu viel Sonneneinstrahlung und großer Hitze, wie z. B. Sonnenbrand, Sonnenstich und eventuell Hitzschlag bei Menschen. Klären Sie dann die Überschriften in der Tabelle der zweiten Kopiervorlage. Anschließend ordnen die Kinder die ausgeschnittenen Bilder von Seite 80 in Partnerarbeit in die Spalten der Tabelle. Lassen Sie die Bilder zunächst nur legen. In einem zweiten Schritt begründen die Kinder dann ihre Entscheidung und kleben die Bilder auf. Sprechen Sie vorher darüber, dass einige Bilder auch in mehrere Spalten geklebt werden können.

Lösung Seite 80

Menschen: langärmliges Hemd, lange Hose, Kappe, Sonnenschirm, Sonnenbrille, kühles Getränk, Baum mit Schatten

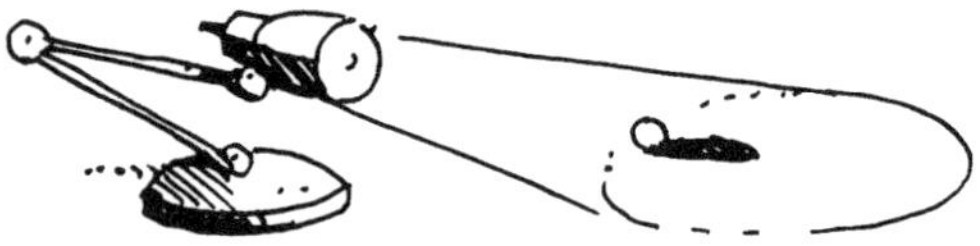

Tiere: Baum mit Schatten, unterirdische Gänge, Nest in einem Strauch
Pflanzen: behaartes Blatt, geschlossene Blüte, zusammengerolltes Blatt

Mögliche Lösung Seite 81
1. Spalte: Baum mit Schatten, unterirdische Gänge, Nest in einem Strauch, Sonnenschirm, Sonnenbrille, Kappe
2. Spalte: behaartes Blatt, langärmliges Hemd, lange Hose
3. Spalte: geschlossene Blüte, zusammengerolltes Blatt, kühles Getränk

KV Seite 82

Sonnenschutz ist wichtig!
Jedes Jahr freuen sich die Kinder auf den Beginn der Badesaison. In diesem Zusammenhang ist es wichtig, die Kinder für die Notwendigkeit des richtigen Sonnenschutzes zu sensibilisieren.

Mithilfe einer Zuordnungsübung wiederholen die Kinder, wie sie gezielt Haut, Kopf und Augen vor übermäßiger Sonneneinstrahlung schützen können. Anhand von Bildern, die Kinder bei sommerlichen Aktivitäten zeigen, können sie ihr Wissen in der zweiten Aufgabe überprüfen: Hier sollen die Schüler erkennen, welche Kinder gut geschützt sind und wo der Schutz noch nicht ausreicht. Lassen Sie die Schüler Vorschläge machen, wie sich die Kinder auf den Bildern noch besser schützen können.

Lösung

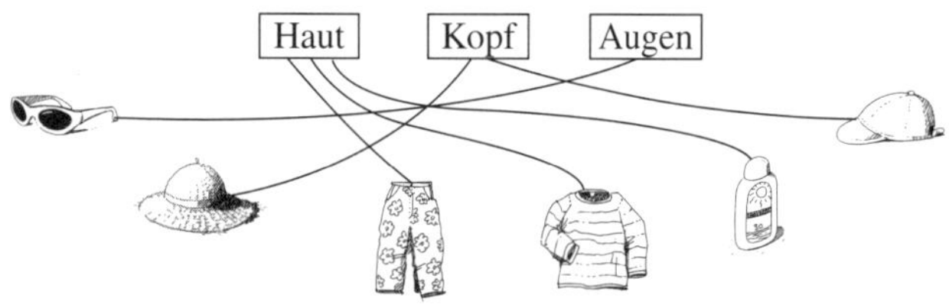

KV Seite 83/84

Sonnenschild
Mithilfe dieser Kopiervorlagen können sich bereits Kinder der ersten Jahrgangsstufe einen individuellen und witzigen Sonnenschild zum Schutz ihrer Augen und des Gesichts basteln.

Kinder, deren Feinmotorik noch nicht ausreichend geschult ist, können beim Nachfahren der ausgeschnittenen Papiervorlage auf Karton Schwierigkeiten haben (zweiter Schritt der Arbeitsanleitung). Stellen Sie für diese Kinder bereits im Vorfeld eine Pappschablone her.

KV Seite 85

Mein Erste-Hilfe-Heft
Ausgeschnitten und gefaltet, entsteht aus diesem Arbeitsblatt ein kleines Erste-Hilfe-Heft zur Behandlung der beiden häufigsten Folgen von zu starker Sonneneinstrahlung: Sonnenbrand und Sonnenstich. Stichpunktartig zeigt es die Symptome auf und gibt Hinweise auf mögliche Hilfsmaßnahmen, die auch schon von Schülern der ersten beiden Jahrgangsstufen bewältigt werden können. Tipps für das richtige Verhalten in der Sonne runden das Heftchen ab.

So wird das Heft gefaltet: Das ausgeschnittene Blatt zuerst an der langen Seite in der Mitte nach hinten falten, sodass die Texte noch lesbar sind. Dann das Blatt an der zweiten Mittellinie so knicken, dass sich das Titelblatt oben befindet.

Besprechen Sie mit den Kindern gemeinsam das Erste-Hilfe-Heft und üben Sie einige der Hilfsmaßnahmen praktisch. Weisen Sie darauf hin, dass die Kinder natürlich immer auch einen Erwachsenen um Hilfe bitten können.

KV Seite 86

Gitterrätsel
In diesem Rätsel sind acht Begriffe zu den Themenbereichen „Gefahren der Sonne" und „Sonnenschutz" versteckt, die die Kinder markieren sollen. Das Erkennen der waagrecht und senkrecht angeordneten Wörter schult die Lesefähigkeit.

Lösung

F	S	O	N	N	E	N	S	T	I	C	H	I	N	S	E
A	T	Q	U	A	R	J	O	H	L	M	A	R	S	L	P
S	I	F	K	E	R	T	N	A	I	S	M	G	O	M	A
S	C	H	A	T	T	E	N	N	N	E	R	I	N	E	L
T	K	U	P	A	R	L	E	L	I	S	A	T	N	L	I
N	R	F	P	T	S	O	N	N	E	N	C	R	E	M	E
A	S	E	E	I	M	E	S	W	I	N	Q	U	N	E	G
R	A	N	I	S	C	H	C	K	F	T	U	N	B	B	A
D	S	O	N	N	E	N	H	U	T	A	A	N	R	N	D
I	L	L	T	E	R	N	I	S	A	M	E	K	I	S	E
S	O	N	N	E	N	B	R	A	N	D	E	R	L	C	N
E	O	A	N	D	E	G	M	S	A	N	N	E	L	H	O
L	F	M	A	M	A	I	S	S	E	B	R	E	E	Z	E

KV Seite 87

Nutze die Sonnenwärme!
Wasser im Wasserschlauch wird bei intensiver Sonnenbestrahlung warm, manchmal sogar richtig heiß. Diese Mitmachseite bietet Kindern, die diesen Effekt nicht in einem Garten ausprobieren können, die Möglichkeit, eine ähnliche Erfahrung zu machen.

Wenn Sie den Warmwasserspeicher mit Ihrer Klasse gemeinsam basteln, sollten Sie darauf achten, dass genügend alte Zeitungen zum Unterlegen vorhanden sind und die Kinder ihre Kleidung mit einer Schürze o. Ä. schützen. Natürlich können die Schüler den Behälter auch selbstständig zu Hause anfertigen.

KV Seite 88

Gesicht in Licht und Schatten

Anhand der Kopiervorlage machen sich die Kinder bewusst, in welcher Abhängigkeit die Richtung bzw. das Auftreffen des Lichts auf einen Gegenstand und der daraus entstehende Schatten zueinander stehen. Für die Umsetzung benötigen Sie einen abgedunkelten Raum sowie eine mobile Lichtquelle wie z. B. eine größere Taschenlampe, die es möglich macht, einen Körper aus verschiedenen Richtungen anzustrahlen.

Lassen Sie die Kinder zu zweit mit der Taschenlampe experimentieren. So können sie handelnd herausfinden, wo sich der Schatten jeweils befindet. Alternativ können die Kinder zunächst ihre Vermutungen aufschreiben und sie im Anschluss daran überprüfen.

Beachten Sie, dass die Lösung aus Sicht der Schüler angegeben ist. Aus Sicht der abgebildeten Kinder muss „links“ und „rechts“ jeweils vertauscht werden.

Lösung

von links | von vorn | von rechts

von oben | von unten | von hinten

KV Seite 89

Schattenfiguren

Die Kopiervorlage bietet den Kindern Anregungen, Schattenfiguren von Tieren selbst auszuprobieren. Das funktioniert beispielsweise gut im Licht eines Overheadprojektors. Gerade weil manche Figuren nicht ganz einfach nachzubilden sind, sollten Sie darauf achten, dass die Kinder vor allem Spaß dabei haben. Die als Tipps aufgeführten weiterführenden Möglichkeiten ergeben sich erfahrungsgemäß von selbst.

KV Seite 90

Tierisch einfach

Mithilfe dieser Kopiervorlage üben die Kinder detailgenaues Betrachten und Vergleichen. Von der Hand- und Armstellung auf das Schattenbild zu schließen, erfordert ein gewisses Maß an Abstraktionsfähigkeit. Obwohl bewusst Figuren gewählt wurden, die sich in der Handstellung voneinander unterscheiden, fällt es nicht allen Kindern leicht, allein durch genaues Betrachten die entsprechende Zielfigur zu finden. Helfen Sie notfalls mit Hinweisen auf Details, z. B.: „Bei welchem Schattenbild sind vier Finger in die Höhe gestreckt?“ oder „Welche Schattenfiguren sind nicht nur mit den Händen, sondern auch mit den Armen geformt?“ Im Anschluss an die richtige Zuordnung schreiben die Kinder die Namen der Schattentiere auf.

Lösung

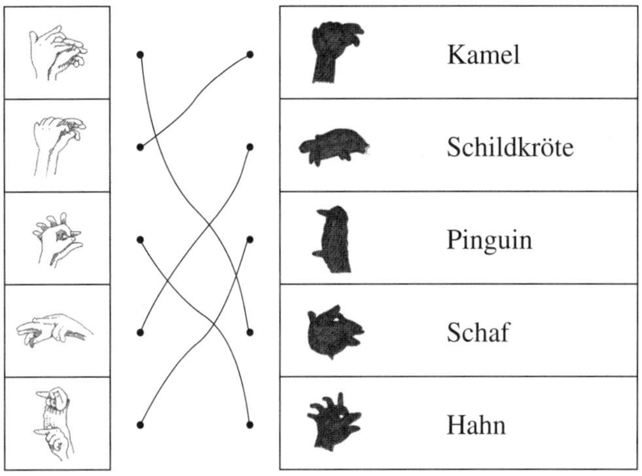

KV Seite 91

Schattenraten

Legen Sie zunächst gemeinsam mit den Kindern Gegenstände auf den Overheadprojektor. Welche Schatten sind zu sehen? Teilen Sie erst nach dieser Vorarbeit die Kopiervorlage aus. In Partnerarbeit ordnen die Schüler den oben abgebildeten Gegenständen die entsprechenden Schattenbilder zu. Legen Sie bei Bedarf die abgebildeten Gegenstände auf die Projektionsfläche des Overheadprojektors.

Damit die Zuordnung nicht zu einfach ist, unterscheidet sich die Auswahl der Gegenstände von der der Schattenbilder. Die Kinder werden feststellen, dass einige Schatten übrig bleiben, für die kein Gegenstand vorhanden ist. Umgekehrt gibt es für einige Gegenstände keine Schattenbilder. Die Kinder notieren die fehlenden Gegenstände und Schattenbilder und zeichnen sie anschließend möglichst genau. Sie festigen dabei die Erkenntnis, dass ein Schattenbild keine Farben und keine Muster zeigt, im umgekehrten Fall aber auf der Grundlage eines Schattenbildes dem Gegenstand ein farblich individuelles Aussehen gegeben werden kann. Die Umrisse der Gegenstände verändern sich aber nicht.

Lösung

Diese Gegenstände fehlen: Radiergummi, Feder, Knopf.
Diese Schattenbilder fehlen: Schere, Ball, Lineal.

Name:

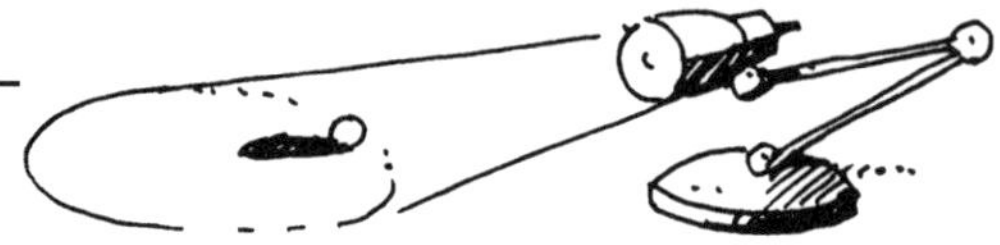

Das Thermometer

Mit dem Thermometer misst man die Temperatur.

> Die Temperatureinheit heißt: Grad Celsius
> abgekürzt: °C

Schneide die Wortkarten aus und klebe sie an die passenden Stellen.

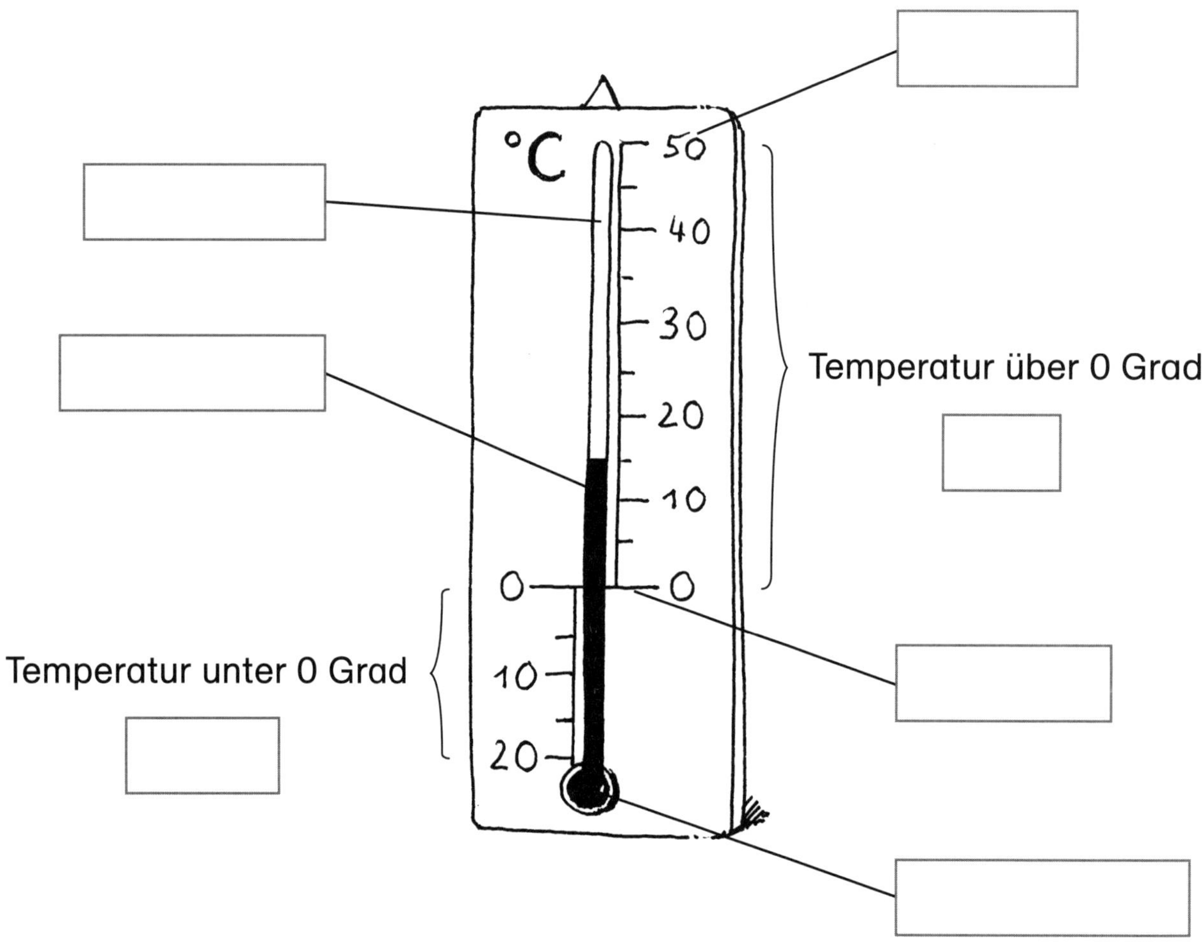

✂

Flüssigkeit	Nullpunkt	Skala	Plus
Vorratsgefäß	Glasröhre	Minus	

Ein Thermometer aus Karton

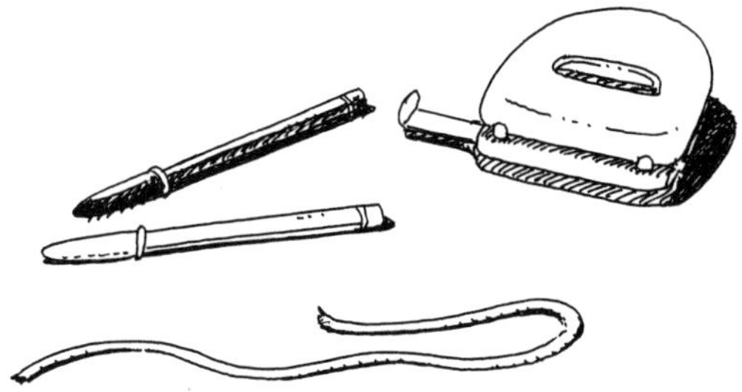

Du brauchst:
- Pappkarton
- Locher
- Lochverstärkerringe
- weißen Wollfaden von etwa 30 cm Länge
- Filzstift in der Farbe Rot oder Blau
- Klebstoff, Schere

So wird's gemacht:

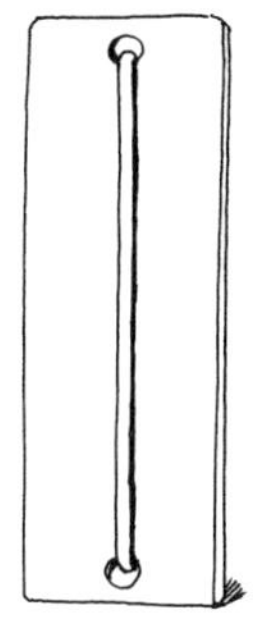

1. Schneide die unten abgebildete Thermometer-Vorlage aus und klebe sie auf einen Pappkarton. Schneide das Thermometer nochmals aus.
2. Stanze die beiden grauen Kreise mit einem Locher aus, sodass zwei Löcher entstehen.
3. Klebe auf die Vorder- und Rückseite der Löcher jeweils einen Lochverstärkerring.
4. Fädle beide Enden des Wollfadens von vorne nach hinten durch die Löcher.
5. Verknote den Wollfaden auf der Rückseite so, dass er ganz straff sitzt. Schneide die überstehenden Fadenreste ab.
6. Schiebe den Knoten auf der Rückseite zum oberen Loch.
7. Färbe den Faden auf der Rückseite deines Thermometers mit einem Filzstift Rot oder Blau.

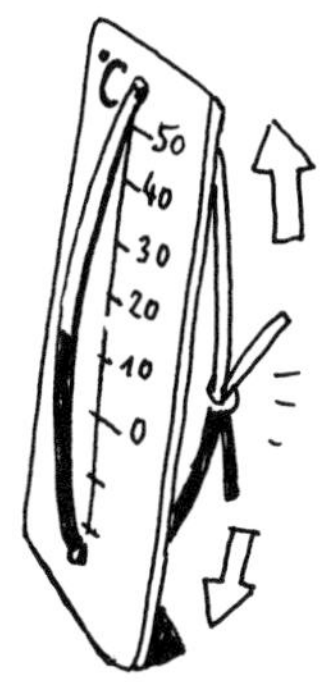

Wenn du den Wollfaden mithilfe des Knotens auf der Rückseite des Pappthermometers bewegst, verändert sich auf der Vorderseite die angezeigte Gradzahl. Übe mit einem Partner das Ablesen von Temperaturen.

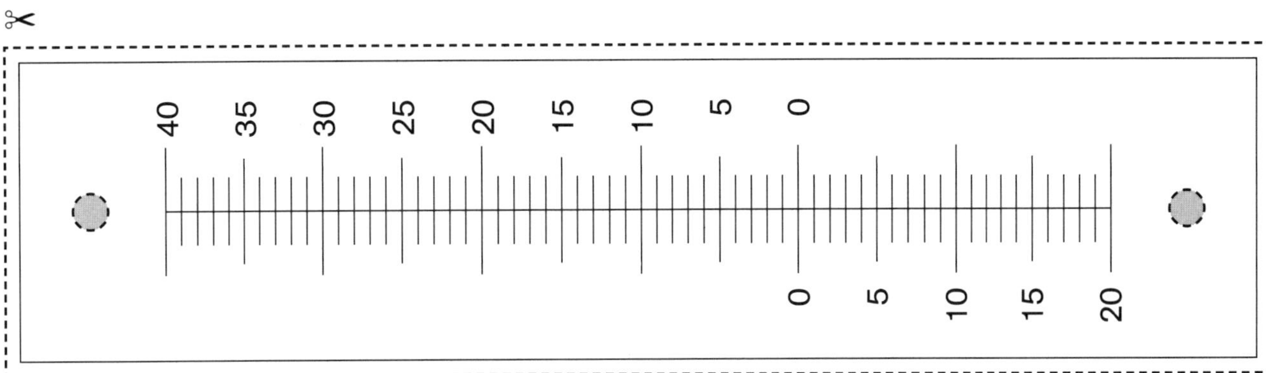

Name:

Was zeigt das Thermometer? (1)

Lies die Temperaturen ab und schreibe sie auf.

Sonnenschein mit Tagestemperatur bis 25 Grad.

Die Temperaturen fallen bis auf 15 Grad minus.

Leicht bewölkt bei morgendlichen frischen 10 Grad.

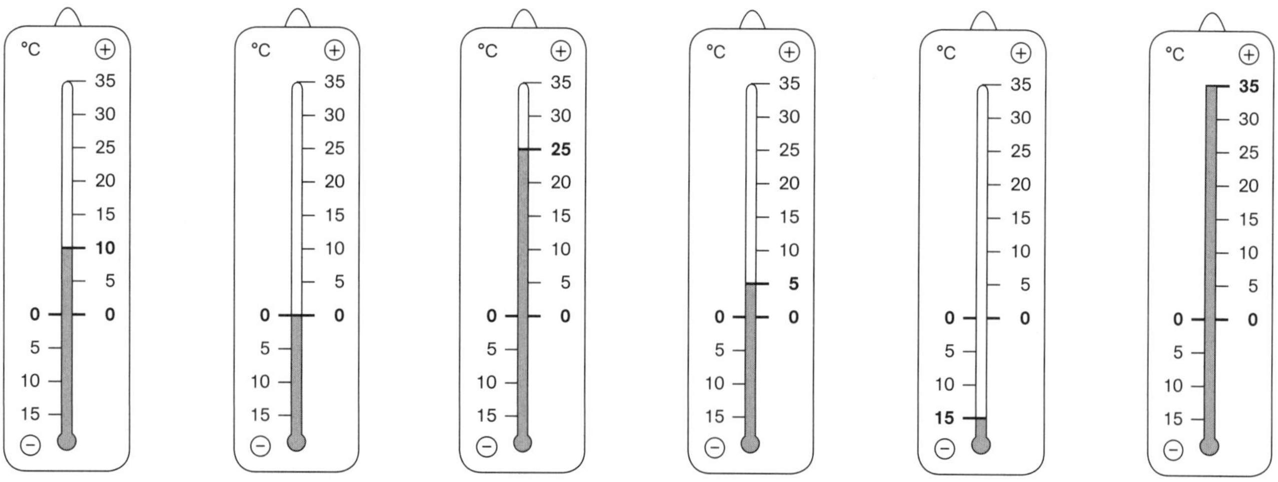

☐ °C ☐ °C ☐ °C ☐ °C ☐ °C ☐ °C

Höchsttemperaturen von 35 Grad.

Es wird bei 0 Grad zu Straßenglätte kommen.

Abends Regen und nur noch 5 Grad.

Verbinde jede Radioansage mit dem passenden Thermometer. Welche Wetterberichte kann es im Sommer geben? Male sie rot an.

Name:

Was zeigt das Thermometer? (2)

Zeichne die Flüssigkeit auf den Thermometern ein.

Regen mit Tageshöchsttemperatur von 10 Grad.

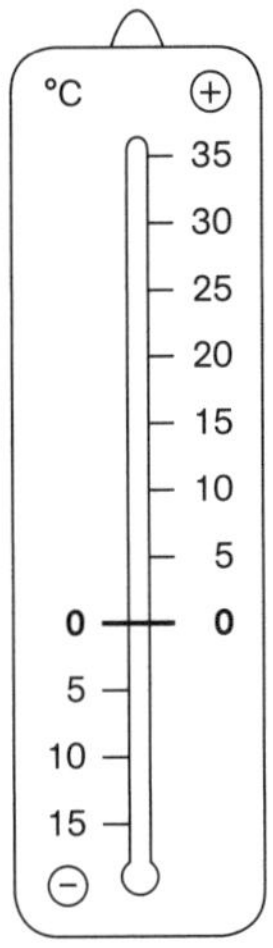

Eisige Temperaturen und Schnee bei – 5 Grad.

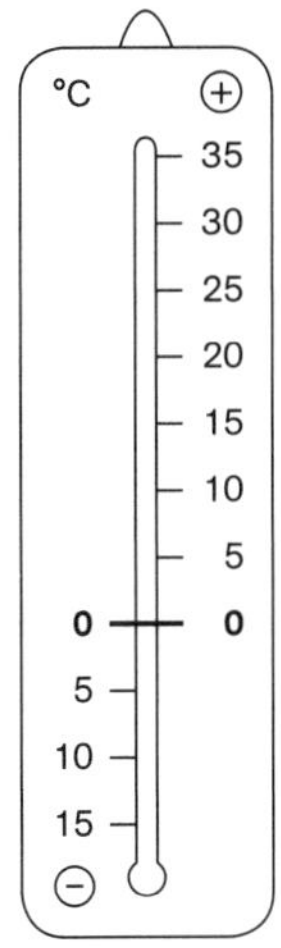

Das Thermometer steigt heute auf bis zu 35 Grad!

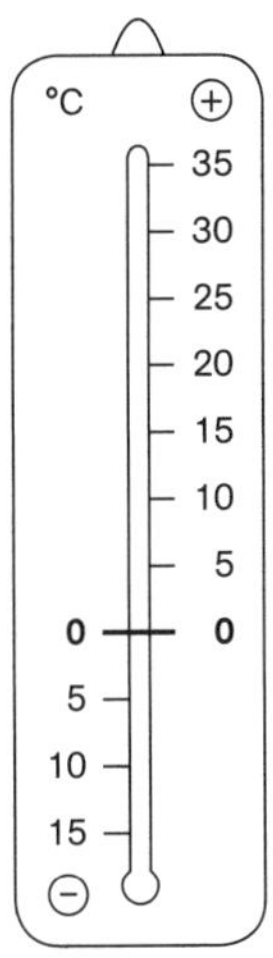

Warmes Sommerwetter mit einer Temperatur von 25 Grad.

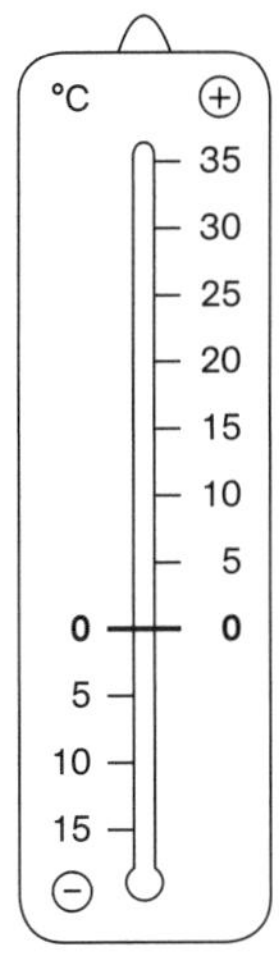

Badewetter mit Temperaturen von 30 Grad.

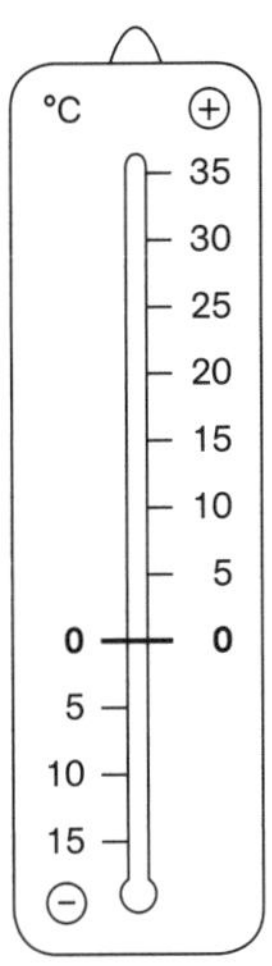

Die Tageshöchst-temperatur beträgt heute 15 Grad.

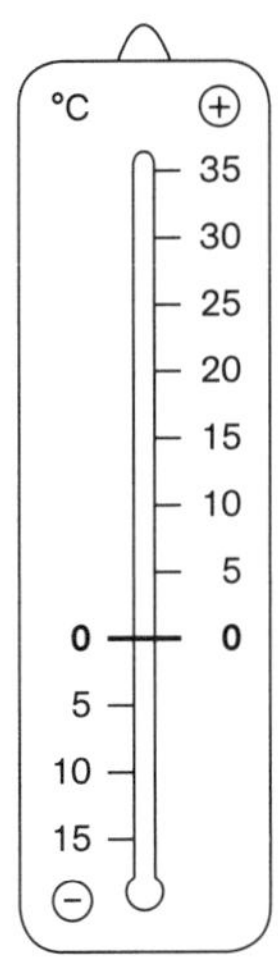

Name:

Temperaturbeobachtung

Woche vom ____ . ____ .20____ bis ____ . ____ .20____

	Uhrzeit der Messung	Temperatur in °C	Wetter	Sonstiges
Montag				
Dienstag				
Mittwoch				
Donnerstag				
Freitag				
Samstag				
Sonntag				

Name:

Sonnenwärme verändert Dinge

Die Wärme der Sonne schafft es, Dinge zu verändern. Manchmal benötigt sie Tage dazu, oft reichen aber schon einige Minuten.

Was passiert mit diesen Dingen bei Sonnenwärme?
Zeichne, wie sie sich verändern.

→

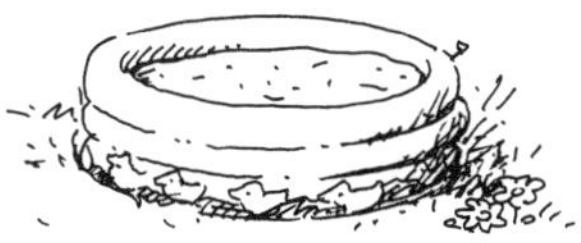

→

→

→

Schreibe jeweils einen Satz dazu. Diese Wörter helfen dir.

schmelzen verformen erwärmen schmelzen

Beispiel: Die Eiswürfel ...

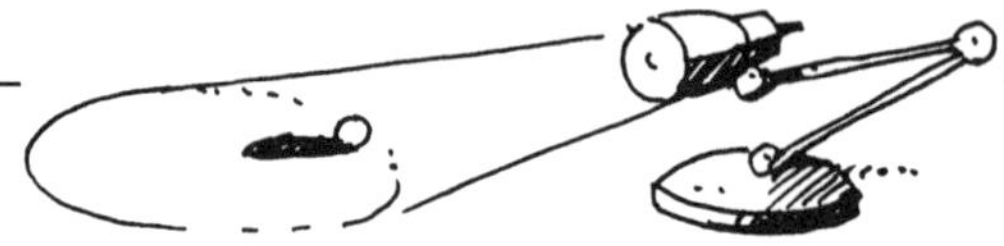

Vorsicht: Sonne! (1)

Die Sonne ist für das Leben auf der Erde wichtig. Sie kann für Menschen, Tiere und Pflanzen aber auch gefährlich werden.

Mit welchen Tricks schützen sich Lebewesen vor zu viel Sonne? Rahme die Bilder ein.

- Menschen: rot
- Tiere: blau
- Pflanzen: grün

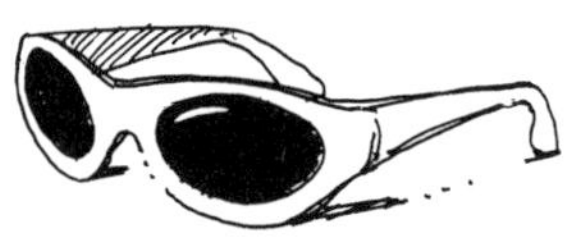

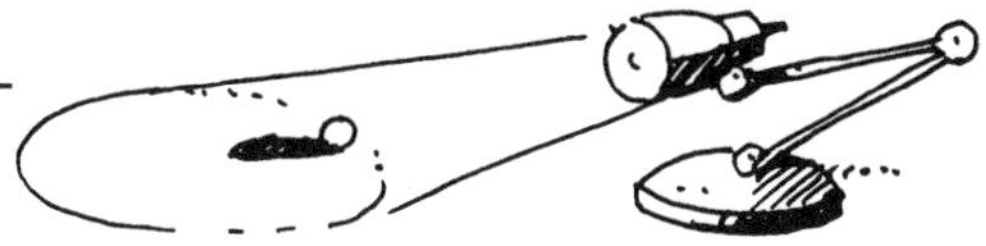

Vorsicht: Sonne! (2)

Klebe die Bilder von der vorherigen Seite in die passende Spalte.

Aufenthalt an Orten, die die Sonne nicht erreicht	Die Fläche wird verkleinert, sodass die Sonne nur noch wenig Fläche bestrahlt.	Das Verdunsten von Wasser wird verhindert. / Wasser wird nachgefüllt.

Name:

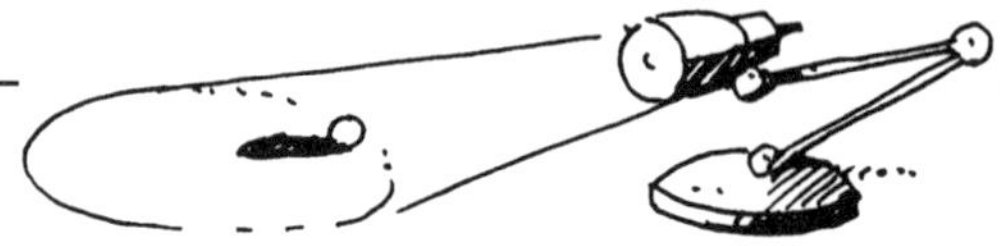

Sonnenschutz ist wichtig!

Wie kannst du dich vor der Sonne schützen? Verbinde.

Haut | Kopf | Augen

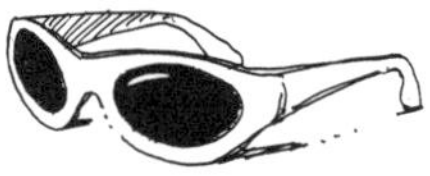

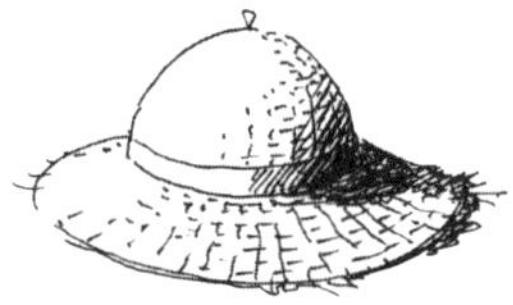

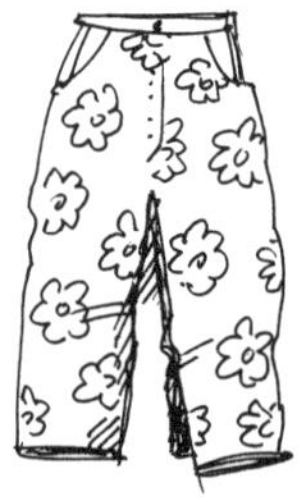

Welche Kinder sind gut geschützt? Wo reicht der Schutz noch nicht? Erzähle zu den Bildern.

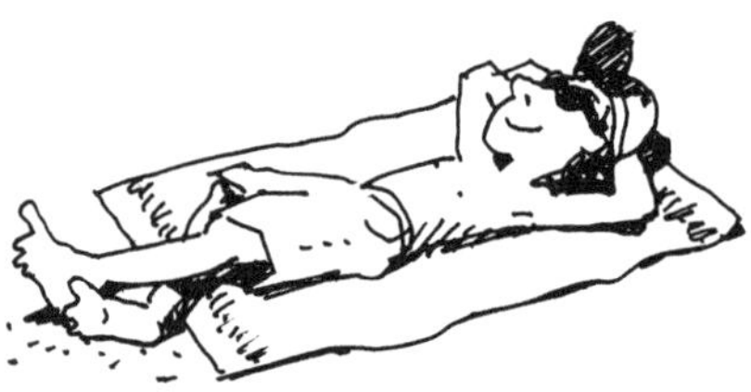

Sonnenschild (1)

Dieser Sonnenschild schützt dein Gesicht und deine Augen. Da er nicht viel Platz braucht, kannst du ihn überall mit hinnehmen.

Du brauchst:
- Karton
- Bleistift
- Schere
- Lochverstärkerringe
- schmales Gummiband
- Farbstifte oder buntes Papier zum Verzieren und Gestalten

So wird's gemacht:
1. Schneide die Sonnenschild-Vorlage aus.
2. Lege die Vorlage auf den Karton und fahre sie mit einem Bleistift nach.
3. Schneide den Sonnenschild aus und bohre am rechten und linken oberen Ende jeweils ein Loch für das Gummiband.
4. Klebe Lochverstärkerringe auf die Löcher.
5. Miss die Länge des Gummibands entsprechend deines Kopfumfangs ab. Gib ein paar Zentimeter dazu.
6. Ziehe das Band durch die Löcher und verknote es fest.

Nun kannst du deinen Sonnenschild noch anmalen, ein Muster darauf zeichnen oder ihn bekleben.

Viel Spaß!

Sonnenschild (2)

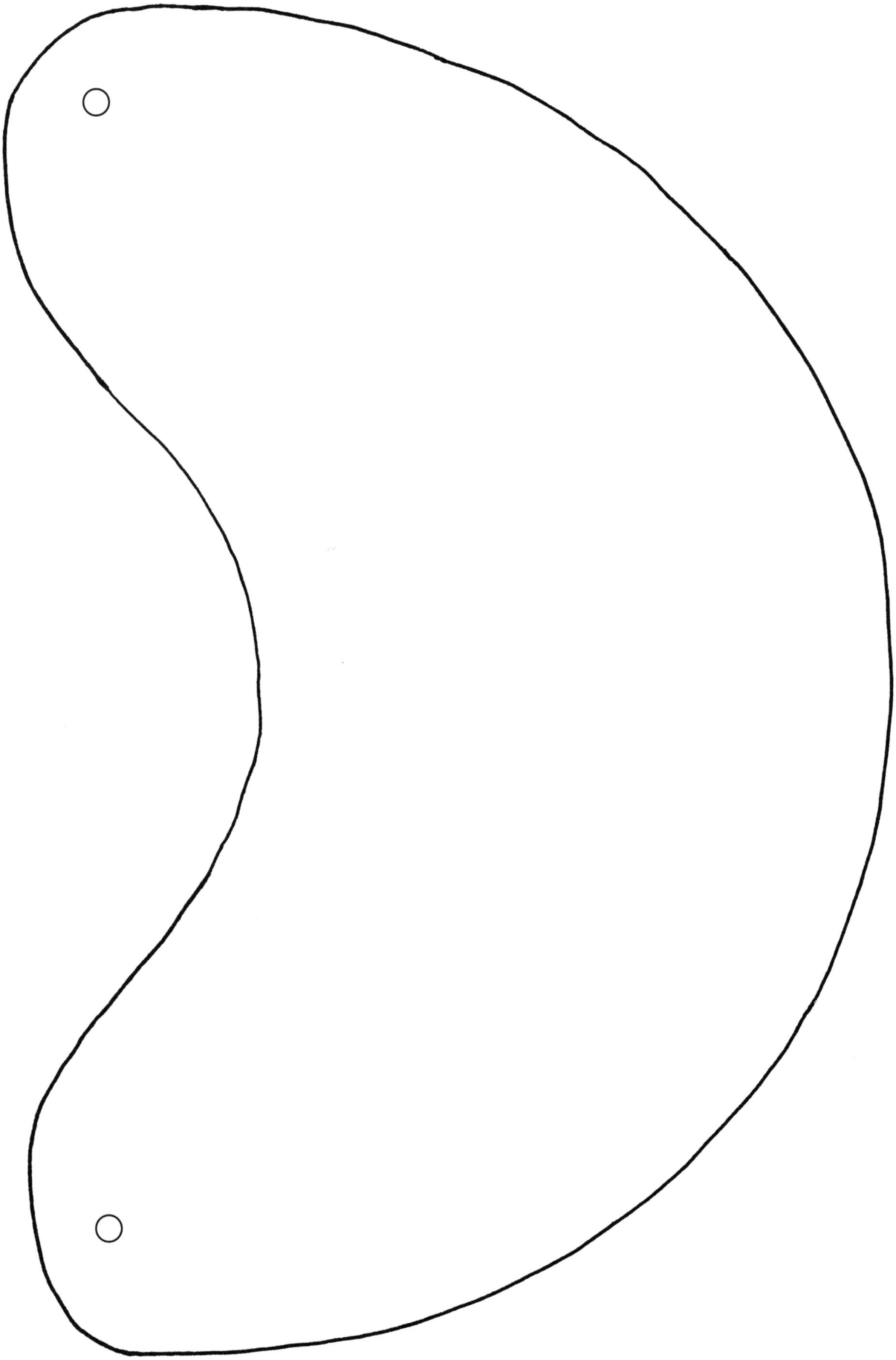

Mein Erste-Hilfe-Heft

Schneide das Blatt aus und falte es zu einem Heft.
Nimm es immer mit, dann kannst du im Notfall helfen.

Sonnenbrand

Grund:
zu langer Aufenthalt in der Sonne ohne ausreichenden Schutz der Haut

Kennzeichen:
- gerötete Haut, die sich heiß anfühlt
- eventuell bilden sich kleine Bläschen

Das ist jetzt zu tun:
- Person sofort in den Schatten bringen
- Haut mit kalten Umschlägen kühlen
- viel trinken
- speziellen Puder oder Salben aus der Apotheke auftragen
- notfalls zum Arzt gehen

So verhältst du dich richtig:

- Bleibe nicht zu lange in der Sonne!
- Schütze deinen Körper vor der Sonne!
- Schütze deine Haut rechtzeitig mit einem Sonnenschutzmittel!
- Halte dich zwischen 12 und 15 Uhr nur im Schatten auf!

Sonnenstich

Grund:
zu lange Sonneneinstrahlung auf Kopf und Nacken

Kennzeichen:
- Kopfschmerzen
- Schwindelgefühl
- Übelkeit, eventuell mit Erbrechen
- Fieber

Das ist jetzt zu tun:
- Person sofort in den Schatten bringen
- liegende Position mit erhöht gelagertem Kopf
- Kopf und Nacken mit kalten Umschlägen kühlen

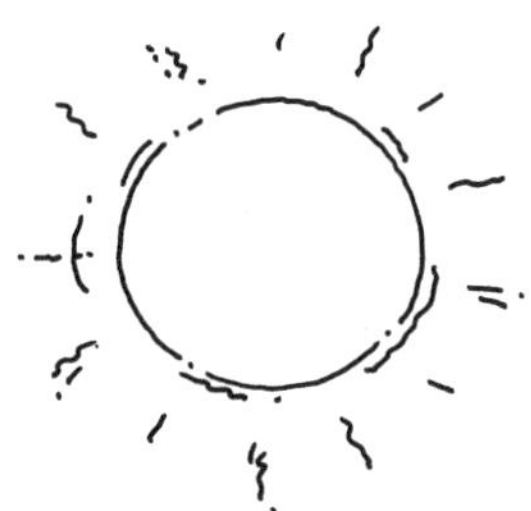

Mein Erste-Hilfe-Heft gegen die Gefahren der Sonne

Name: ____________________

Bitte einen Erwachsenen um Hilfe, wenn du nicht weiterweißt!

Name:

Gitterrätsel

In diesem Rätselgitter stecken acht Wörter: Sie haben mit den Gefahren der Sonne zu tun und damit, wie du dich vor zu viel Sonnenstrahlen schützen kannst.

Kreise die Wörter ein. Du kannst sie von links nach rechts oder von oben nach unten lesen.

F	S	O	N	N	E	N	S	T	I	C	H	I	N	S	E
A	T	Q	U	A	R	J	O	H	L	M	A	R	S	L	P
S	I	F	K	E	R	T	N	A	I	S	M	G	O	M	A
S	C	H	A	T	T	E	N	N	N	E	R	I	N	E	L
T	K	U	P	A	R	L	E	L	I	S	A	T	N	L	I
N	R	F	P	T	S	O	N	N	E	N	C	R	E	M	E
A	S	E	E	I	M	E	S	W	I	N	Q	U	N	E	G
R	A	N	I	S	C	H	C	K	F	T	U	N	B	B	A
D	S	O	N	N	E	N	H	U	T	A	A	N	R	N	D
I	L	L	T	E	R	N	I	S	A	M	E	K	I	S	E
S	O	N	N	E	N	B	R	A	N	D	E	R	L	C	N
E	O	A	N	D	E	G	M	S	A	N	N	E	L	H	O
L	F	M	A	M	A	I	S	S	E	B	R	E	E	Z	E

Schreibe die Wörter in die Zeilen.

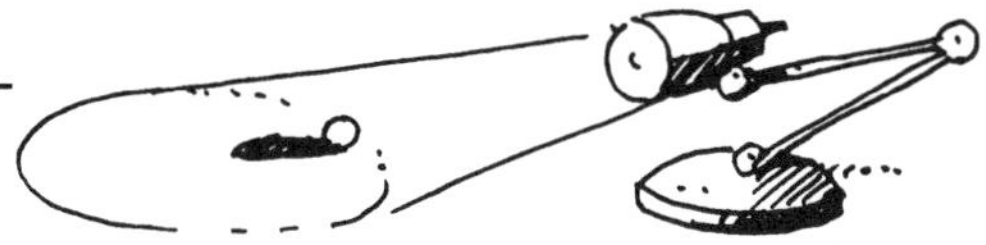

Nutze die Sonnenwärme!

Mithilfe dieses Warmwasserspeichers hast du an warmen Sommertagen Wasser zum Waschen oder einfach nur zum Plantschen.
Du bastelst ihn und befüllst ihn mit kaltem Wasser.
Die Sonne erledigt dann den Rest für dich.

Du brauchst:

- Behälter, z. B. Eimer oder Tonne, möglichst mit Deckel
- wasserfeste, schwarze Farbe
- Pinsel
- Zeitung zum Unterlegen

So wird's gemacht:

1. Male den Behälter außen und, wenn möglich, auch innen mit schwarzer Farbe an. Lasse die Farbe gut trocknen!
2. Fülle den Behälter nun mit Wasser. Falls dein Warmwasserspeicher keinen Deckel hat, befestige eine Tüte oder Folie mit Gummiband am oberen Rand. So kann das verdunstete Wasser nicht entwischen.
3. Stelle den Warmwasserspeicher an einen sonnigen Platz. Schon nach wenigen Stunden hast du warmes Wasser.

Viel Spaß!

Achtung:
Je nachdem, wie lange der Behälter in der Sonne steht, kann das Wasser sehr heiß werden. Prüfe also die Temperatur vorsichtig!

Name:

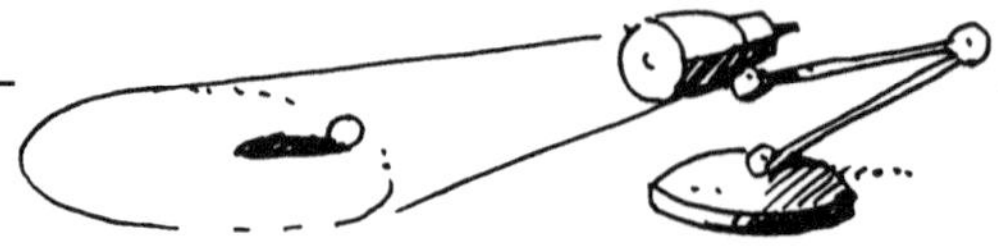

Gesicht in Licht und Schatten

Mache mit einem Partner die folgenden Versuche.

Beleuchtet eure Gesichter mit einer Taschenlampe abwechselnd von rechts, von links, direkt von vorn, von oben, von unten und von hinten.
Wo befindet sich jeweils der Schatten?

Finde anhand der Schatten heraus, von welcher Seite das Licht kommt.
Schneide die Karten aus und klebe sie zu den passenden Bildern.

✂

Das Licht kommt von oben.	Das Licht kommt von links.	Das Licht kommt von hinten.
Das Licht kommt von rechts.	Das Licht kommt von vorn.	Das Licht kommt von unten.

Schattenfiguren

Für diese Schattenfiguren brauchst du eine helle Lampe und eine freie Wand.

Probiere es aus: Halte deine Hände wie in den Abbildungen gezeigt in das Licht. Welche Figuren gelingen dir?

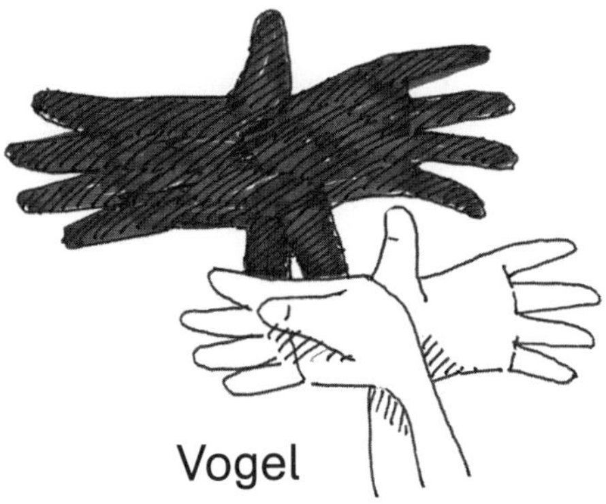

Vogel

Gans

Stier

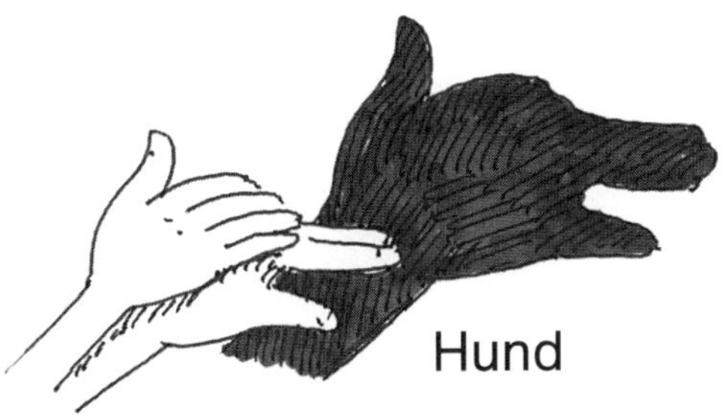

Hund

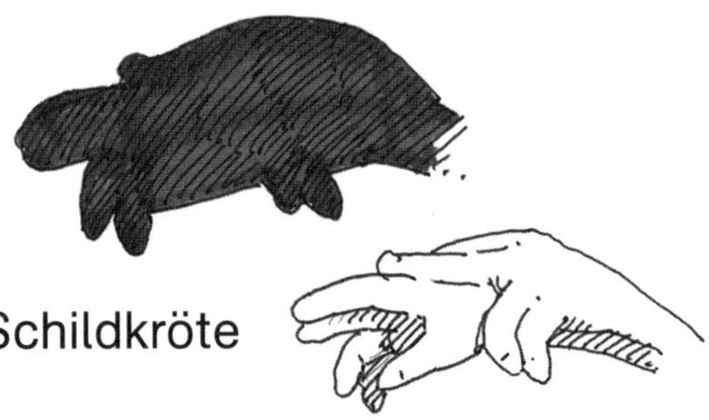

Schildkröte

Hirsch

Tipps:

- Übe so lange, bis auch andere Kinder deine Figur klar erkennen können.
- Kann deine Figur sich bewegen oder verwandeln? Probiere es aus.
- Denkt euch eine Geschichte aus, die ihr mit den Figuren vorspielt.

Name:

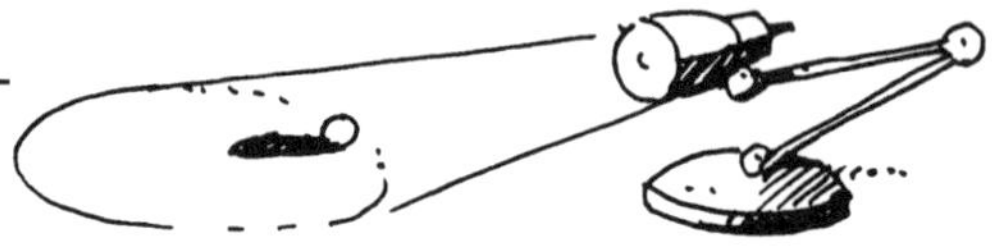

Tierisch einfach

Welche Hände haben die Schattenfiguren geformt? Verbinde.

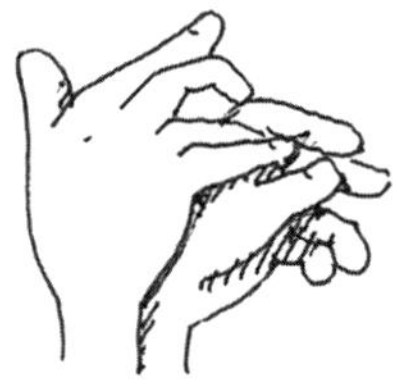

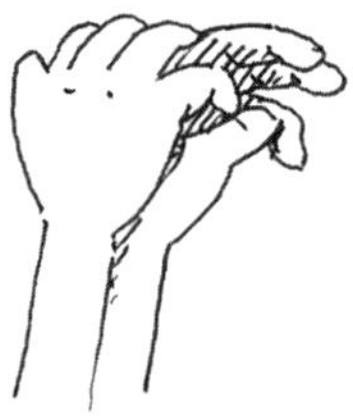

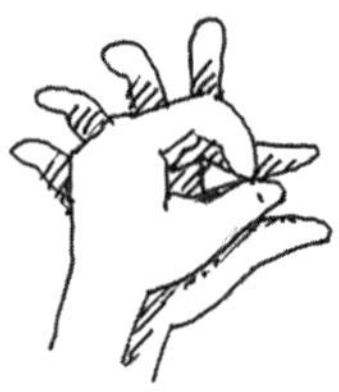

Erkennst du die Schattentiere? Schreibe dazu, was sie darstellen.

Pinguin Schildkröte Hahn Kamel Schaf

Name:

Schattenraten

Was liegt auf dem Projektor? Verbinde.

Achtung: Für drei Schattenbilder gibt es keinen Gegenstand und für drei Gegenstände kein Schattenbild.

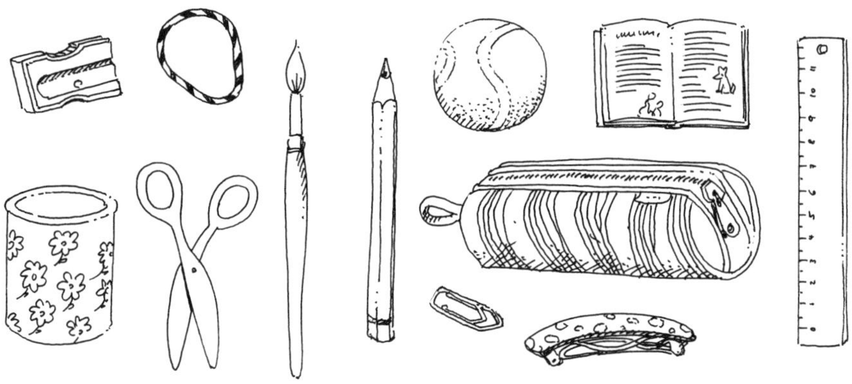

Schreibe die fehlenden sechs Dinge auf.

Male die fehlenden Gegenstände und Schattenbilder oben dazu.

5. Kapitel: Farben des Sommers

Vorbemerkung

Kinder begegnen Kunst in der Regel offen und interessiert. Da ihre Vorstellungswelt noch nicht so fest gefügt ist, gehen sie mit Farben und Formen wesentlich ungezwungener um als Erwachsene. Die Orientierung an realistischen Vorbildern spielt für Kinder der ersten und zweiten Jahrgangsstufe noch keine große Rolle.

Mit Farben zu experimentieren macht den meisten Kinder ebenso viel Spaß wie fantasievolle Bilder zu malen. Neben der kreativen Gestaltung von eigenen Bildern können Sie die Schüler auch an die Betrachtung klassischer Kunstwerke heranführen. Zum Thema Sommer eignen sich dafür folgende Gemälde:

- Pieter Brueghel d. Ä.: Die Kornernte (Monat Juli) (um 1525)
- Claude Monet: Klatschmohn in der Gegend von Argenteuil (1873)
- Emil Nolde: Mohnblumen (1923/1924)
- Albrecht Dürer: Das große Rasenstück (1503)

Lehrplanbezug

Kunst

- Primärfarben erproben, anwenden, mischen und kombinieren
- Farbbezeichnungen kennen
- Tarn- und Warnfarben von Tieren beobachten und wahrnehmen
- Formen und Figuren vom farbigen Umfeld abheben oder an den Bildgrund angleichen
- Farbgegensätze und Farbfamilien erkunden

Deutsch

- Wortbedeutungen klären und den Wortschatz erweitern
- Wortzusammensetzungen finden

Zu den Kopiervorlagen

KV Seite 95/96

Meine Sommerfarben

Auf der ersten Kopiervorlage überlegen die Kinder zunächst, welche Farben sie mit dem Sommer assoziieren. Sie malen ihre Sommerfarben mit Buntstiften oder Wasserfarben in die Kreise und benennen sie.

Anhand der Sachinformation auf dem zweiten Arbeitsblatt lernen die Schüler die Unterscheidung in „warme Farben" und „kalte Farben" kennen. Verdeutlichen Sie den Schülern diese Einteilung anhand des Malkastens, denn dort sind die Farben getrennt nach warmen und kalten Farben angeordnet: in der oberen Reihe befinden sich warme Gelb-, Orange- und Rottöne, die untere Reihe enthält kalte Farben wie Grün und Blau, aber auch die Farben Braun und Schwarz, die entstehen, wenn man die Komplementärfarben miteinander mischt.

Als Sicherung schneiden die Kinder ihre Farbkärtchen der ersten Kopiervorlage aus und kleben sie sortiert nach warmen und kalten Farben auf das zweite Arbeitsblatt.

KV Seite 97

Male den Sommer

Mit ihren selbst ausgesuchten Sommerfarben malen die Kinder ein Bild zum Thema Sommer. Die Bildvorlage ist eine Hilfe für Kinder mit noch weniger ausgereiftem Vorstellungsvermögen. Sie lässt aber auch fantasievollen Schülern noch genügend Freiraum für die eigene Ausgestaltung ihrer Sommerlandschaft.

Durch die Konzentration auf ein Motiv können anhand der fertigen Bilder die unterschiedlichen Techniken, der Farbauftrag, die Farbwahl sowie die verschiedenen Sichtweisen des Sommers verglichen werden.

Alternativ können Sie die Bildvorlage auch als Übungsbild in der Explorationsphase einsetzen: Die Schüler experimentieren mit Formen und Farben und überlegen, wie sie den Vorder- und Hintergrund ausgestalten. Erklären Sie, dass auf dem Bild der Eindruck von Räumlichkeit entsteht, wenn man im Vordergrund kräftige Farben verwendet, die dann im Hintergrund immer blasser werden. Anschließend gestalten die Kinder ein Sommerbild anhand eines individuellen Motivs.

Kopieren Sie die Vorlage mehrmals, wenn Sie den Fokus noch stärker auf die Wirkung der Farben lenken möchten. Geben Sie den Kindern den Auftrag, das Bild durch eine veränderte Farbwahl an eine bestimmte Tages- oder Jahreszeit oder an eine besondere Stimmung (Gewitter, Morgen, Abend) anzupassen. Mögliche Fragen für das Unterrichtsgespräch sind: Wie verändert sich das Motiv, wenn du nur mit kalten Farben malst? Welche Farben benutzt du, wenn du daraus ein Nachtmotiv machen möchtest oder die Landschaft im Regen darstellen willst?

KV Seite 98

Ein Mohnblumenfeld

Führen Sie die Kinder über eine Bildbetrachtung an das Thema heran. Besonders gut eignet sich dazu das Gemälde „Klatschmohn in der Gegend von Argenteuil“ (1873) von Claude Monet, da es die Themen Sommer und Wiese aufgreift. Besprechen Sie mit den Schülern, wie man verschiedene Rot- und Grüntöne herstellen kann (Grüntöne: Mischen von Blau und Gelb, Rottöne: Beimischen von warmen Farben). Wiederholen Sie daran anknüpfend auch die kalten und warmen Farben.

Über die Werkbetrachtung und Werkbesprechung gelangen die Kinder zur eigenen kreativen Gestaltung des Themas. Nicht das Nachmachen, sondern das geleitete eigenständige Tun steht im Vordergrund. Besprechen Sie anhand der Kopiervorlage mit der ganzen Klasse oder differenzierend nur mit einigen Schülern, wie sie das Mohnblumenfeld gestalten können, während der Rest seine eigenen Ideen im Bild festhält. Geben Sie anschließend allen Kindern die Möglichkeit, ihre eigenen Wünsche und Ideen zur Gestaltungsaufgabe frei und individuell umzusetzen.

KV Seite 99/100

Schmetterling

Mithilfe der Faltklatschtechnik kann man eine halbe Figur symmetrisch ergänzen. Da die Technik sehr einfach ist, können die Kinder sie schon in der ersten Jahrgangsstufe erfolgreich anwenden.

Erläutern Sie die Faltklatschtechnik anhand der Anleitung auf der Kopiervorlage und führen Sie sie an einem Beispielblatt vor. Weisen Sie die Kinder darauf hin, dass sie die Farbe direkt an der Faltlinie auftragen müssen, da sonst kein zusammenhängendes Bild entsteht. Platzieren Sie die Farbe auch einmal bewusst an falscher Stelle, um den Unterschied zu verdeutlichen.

Die Vorlage des Schmetterlings auf der zweiten Kopiervorlage ist als Hilfestellung für Kinder gedacht, die Probleme beim gegenständlichen Malen haben. Auch als Übungsmaterial bietet sich diese Vorlage an. Wenn möglich sollte aber jedes Kind auch ein individuelles Bild gestalten. Leistungsstärkere Schüler fertigen auch Bilder von anderen Tieren der Wiese an (Käfer, Biene, Marienkäfer). Die Tiere können auf Karton geklebt, ausgeschnitten und mit einer Schnur in der Klasse aufgehängt werden.

Alternativ können Sie anhand der Schmetterlingsvorlage auch Übungen zur Symmetrie durchführen: Die Schüler ergänzen die zweite Hälfte des Bildes von Hand oder nach dem Zusammenklappen des Blattes durch Ausschneiden der Figur. In einer leistungsstarken Lerngruppe können Sie fächerverbindend mit dem Mathematikunterricht an diesem Beispiel die Begriffe „deckungsgleich“, „symmetrisch“ und „Symmetrieachse“ erklären.

KV Seite 101

Tarnung oder Warnung?

Beobachten Sie vor der Bearbeitung dieser Kopiervorlage mit den Kindern Tarn- und Warnfarben von Tieren. Dazu bieten sich Tierbücher an; oder Sie besuchen mit Ihrer Klasse einen Tierpark oder Zoo.

Da die Kinder nicht ein möglichst originalgetreues Tier zeichnen sollen, sondern die richtige Farbwahl bei dieser Übung ausschlaggebend ist, ist das Motiv als Schwarz-Weiß-Zeichnung bereits vorgegeben. Die Vorlage lässt der kindlichen Fantasie aber noch genügend Raum zur freien und individuellen Gestaltung.

Nicht alle Kinder führen beide Malaufgaben aus, es können auch einzelne Schüler jeweils eine der beiden Gestaltungsaufgaben übernehmen. Dann bietet es sich an, dass Sie die Vorlage auf das Format DIN A3 kopieren und den Schülern jeweils nur ihre Übung zur Verfügung stellen.

Bei der Würdigung und Besprechung der Bildproduktionen können die Kinder Farbgegensätze erkunden und etwas über Farbfamilien erfahren. Erklären Sie den Kindern zum Beispiel, warum die Farbe Rot mehr leuchtet, wenn sie auf einen weißen statt auf einen blauen Hintergrund gemalt wird.

Literaturempfehlung: Eva Heller: Die wahre Geschichte von allen Farben. Oldenburg 2007.

KV Seite 102

Farbenrätsel

Mithilfe der Kopiervorlage wiederholen die Kinder die Bezeichnungen für die Farben. Gleichzeitig dient das Arbeitsblatt als Leseübung, da die Begriffe nicht nur in der bekannten Leserichtung, also von links nach rechts, sondern auch von oben nach unten gefunden und erlesen werden müssen.

Weisen Sie die Kinder bei der Farbe „Orange“ darauf hin, dass bei diesem Wort die Aussprache nicht der Schreibweise entspricht.

Lösung

O	H	R	O	S	C	H	D	O	V	I	D	O	F	F
H	E	L	L	B	L	A	U	N	I	N	N	E	D	A
H	L	E	A	L	A	U	N	I	O	A	O	S	U	T
E	L	G	F	D	U	N	K	E	L	G	R	Ü	N	E
R	G	P	S	E	N	G	E	H	E	M	A	R	K	D
S	R	W	C	R	I	L	L	O	T	J	N	G	E	H
T	Ü	I	H	E	L	L	R	O	T	T	G	I	L	Z
I	N	C	W	A	C	H	O	R	T	G	E	L	B	I
M	D	K	A	N	T	E	T	E	R	S	A	T	L	K
M	O	B	R	A	U	N	I	L	G	R	O	S	A	L
T	F	L	Z	E	F	T	E	R	I	S	C	H	U	H

KV Seite 103/104

Farben mischen auf nassem Papier
Farben mischen auf trockenem Papier

Mithilfe der beiden Kopiervorlagen experimentieren die Kinder mit zwei Farben und entdecken dabei, dass sie mit unterschiedlichen Techniken individuelle Effekte erzeugen können. Ihre Beobachtungen beschreiben die Schüler in kurzen Sätzen.

Beim ersten Arbeitsblatt arbeiten die Kinder auf nassem Papier. Sie tragen die Farben Gelb und Blau auf und erkennen, dass die nassen Farben ineinander verlaufen und ein Grünton entsteht.

Auf der zweiten Kopiervorlage experimentieren die Schüler auf trockenem Papier. Beim Auftragen der blauen Farbe auf dem gelben Feld entsteht ebenfalls Grün, aber die getrockneten Farben verlaufen nicht. Die Linien bleiben deutlich erkennbar, wenn sie nicht mit einem feuchten Pinsel verwischt werden.

Geben Sie den Kindern Gelegenheit zum Üben auf Zeichenblockblättern, um einzelne Effekte auch auf einer größeren Fläche auszuprobieren. Schnellere Schüler führen die Übungen auch mit anderen Primärfarben durch, beispielsweise mit Rot und Blau oder Rot und Gelb.

Bei den Malaufgaben ist genaues und ordentliches Arbeiten gefordert. Wichtig ist aber auch, dass die Kinder Spaß am Experimentieren mit Farben haben und so ermuntert werden, ihre neuen Erkenntnisse in späteren Bildproduktionen anzuwenden.

KV Seite 105

Muster malen

Die Kopiervorlage führt die Farbexperimente der beiden vorangegangenen Arbeitsblätter weiter: Nach Anleitung malen die Kinder verschiedene Muster mit den Farben Gelb und Blau. Die Aufgaben eignen sich zur Differenzierung für schnellere Schüler oder als Hausaufgabe.

KV Seite 106

Eine Geschichte von Leo Lionni

Das Kinderbuch vom kleinen Blau und vom kleinen Gelb ist im Original in Versform geschrieben. Auf der Kopiervorlage ist die Geschichte frei nacherzählt. Lesen Sie zunächst den Text gemeinsam mit den Schülern. Anschließend setzen die Kinder Passagen aus der Geschichte bildlich um.

Nachdem die Kinder die Geschichte nachgespielt oder nacherzählt haben, können Sie anschließend das ganze Buch vorlesen (Leo Lionni: Das kleine Blau und das kleine Gelb. Hamburg 2006).

Leo Lionni

Leo Lionni wurde am 5.5.1910 in Amsterdam geboren. Er studierte in der Schweiz und lebte dann einige Jahre in Italien, bevor er mit seiner Frau und den zwei Kindern in die USA auswanderte. Dort arbeitete er zunächst als Designer, bevor er für eine Werbeagentur tätig war. Mit dem 1959 geschriebenen Kinderbuch „Das kleine Blau und das kleine Gelb", das er selbst illustrierte, gelang ihm der Durchbruch als Kinderbuchautor. Er erfand die Geschichte von zwei Farbklecksen, die sich umarmen und so zu einem grünen Klecks werden, auf einer Zugfahrt, um seine Enkel zu unterhalten. Mit dem Schreiben von Kinderbüchern hatte er seine Berufung gefunden. Viele weitere Bücher, in denen oft ein Außenseiter die Hauptrolle spielt, folgten. Leo Lionni starb am 10.10.1999 in Rom.

KV Seite 107

Verschiedene Farbtöne

Auf dieser Kopiervorlage lernen die Schüler zusammengesetzte Adjektive kennen. Sie verbinden Farbadjektive mit passenden Substantiven. Erklären Sie den Kindern, dass zusammengesetzte Adjektive Dinge genauer beschreiben. Die Schüler wissen beispielsweise, wie eine Tomate aussieht. Wenn eine Jacke mit dem Adjektiv „tomatenrot" beschrieben wird, können sich die Kinder den Farbton genauer vorstellen. Die Übung dient außerdem der Wortschatzerweiterung.

Als Sicherung schreiben die Kinder zu jeder Farbe ein zusammengesetztes Adjektiv auf. Dabei greifen sie entweder auf Wörter aus der ersten Übung zurück oder schreiben andere ihnen bekannte Farbadjektive auf. Weisen Sie die Schüler darauf hin, dass sie bei einigen Wörtern einen Buchstaben einfügen müssen, z. B. zitronengelb, tomatenrot.

Lösung

schneeweiß, milchweiß; feuerrot, tomatenrot; goldgelb, zitronengelb; grasgrün, moosgrün; himmelblau, veilchenblau; kastanienbraun, kaffeebraun

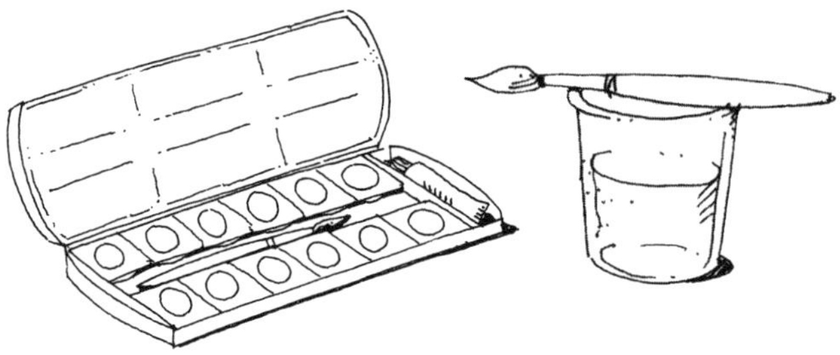

Meine Sommerfarben (1)

Schau in deinen Malkasten oder
betrachte deine Farbstifte.
Welche Farben hat der Sommer für dich?

Male die Kreise in deinen Sommerfarben aus.

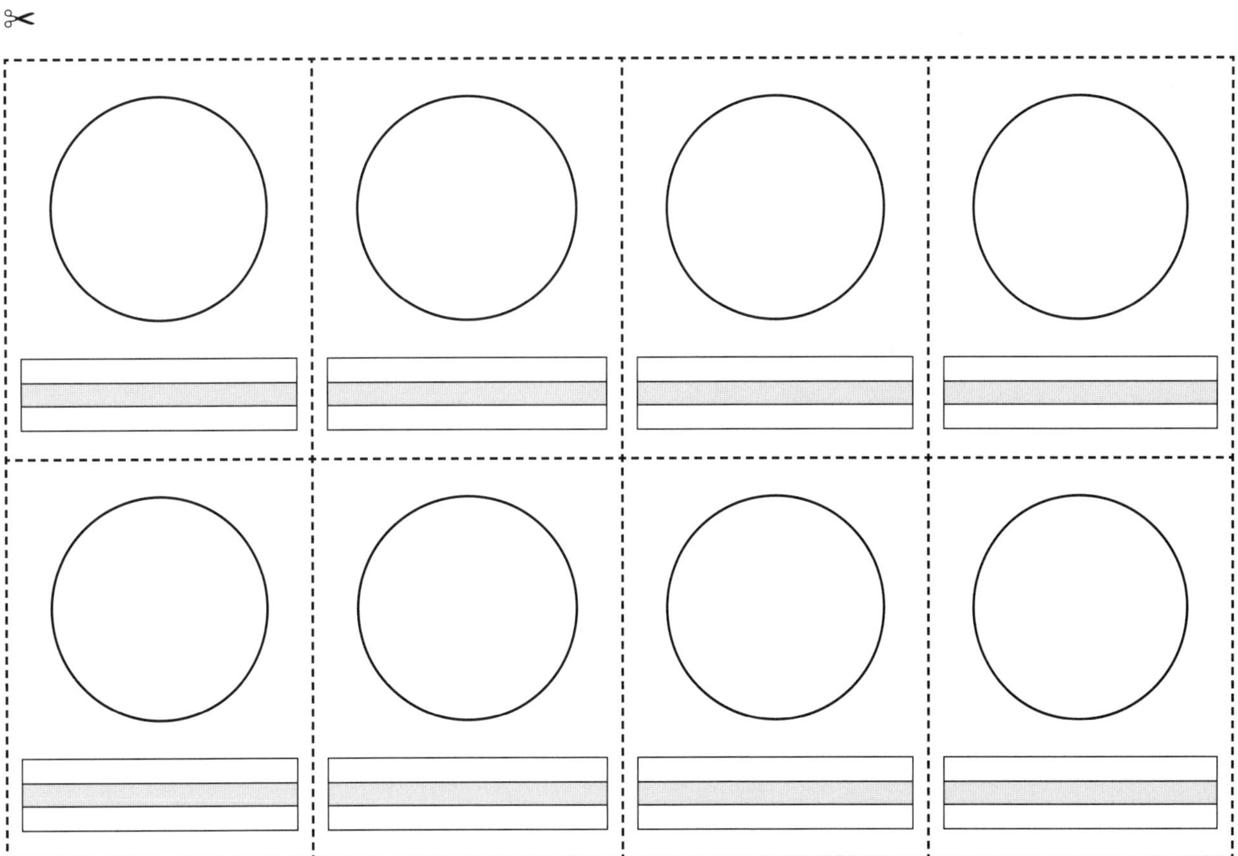

Schreibe die Namen der Farben dazu.

Meine Sommerfarben (2)

Die Farben teilt man in warme und kalte Farben ein. Zu den warmen Farben zählen alle Gelb-, Orange- und Rottöne. Typische kalte Farben sind Blautöne und bläuliche Grüntöne.
Warum das so ist, weiß niemand so genau. Es liegt wohl daran, dass die Farben Rot, Gelb und Orange an die Wärme von Feuer erinnern. Bei den Farben Blau und Grün denkt man eher an die Kälte von Eis oder Meerwasser.

Warum bezeichnet man manche Farben als „warme Farben“ und andere als „kalte Farben“? Erkläre.

Schneide deine Sommerfarben von der vorherigen Seite aus. Ordne sie nach kalten und warmen Farben und klebe sie in die passende Spalte.

Warme Farben	Kalte Farben

Name:

Male den Sommer

Male das Bild mit deinen Sommerfarben aus.

Verwende nur diese Farben! Du kannst sie auch mischen.
So entsteht zum Beispiel aus Grün und Rot die Farbe Braun.
Zeichne weitere Pflanzen, Tiere oder Menschen dazu.

Ein Mohnblumenfeld

Du brauchst:
- Zeichenblätter DIN A3
- Pinsel
- kleiner Schwamm
- Wasserfarben
- Schere
- Klebstoff

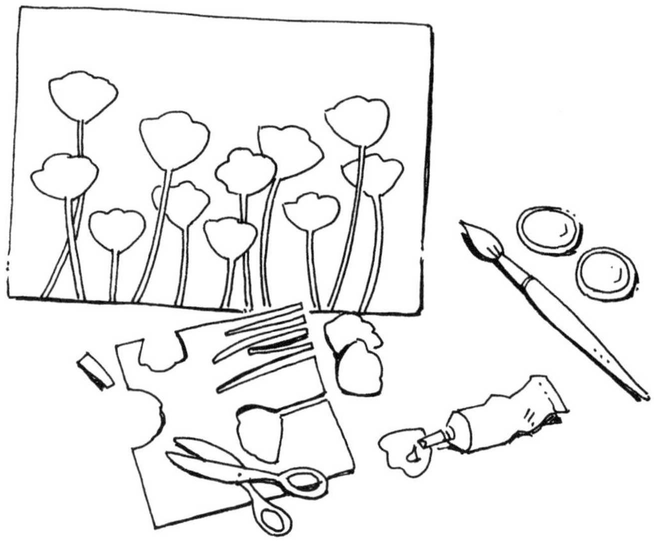

So wird's gemacht:
1. Stelle durch Mischen von Blau und Gelb verschiedene Grüntöne her.
2. Streiche ein Zeichenblatt mit diesen Grüntönen komplett ein. Verwende dafür einen kleinen Schwamm oder einen dicken, weichen Pinsel.
3. Stelle durch Mischen von Rot und Gelb verschiedene Rottöne her.
4. Färbe ein zweites Zeichenblatt mit diesen Rottönen. Arbeite auch hier mit einem Schwamm oder einem dicken, weichen Pinsel.
5. Lasse die beiden Zeichenblätter trocknen.
6. Zeichne mit Bleistift auf das Blatt mit der roten Farbe die Umrisse von Mohnblumenblüten oder ganzen Mohnblumen.
7. Schneide die Mohnblumen aus und klebe sie auf den grünen Hintergrund.
8. Male zu jedem Blütenkopf noch einen Stängel.

Schmetterling (1)

Auf einer Sommerwiese kannst du Schmetterlinge beobachten. Hier erfährst du, wie du Schmetterlinge selbst malen kannst.

Du brauchst:

- Zeichenblockblatt DIN A4
- Pinsel
- Wasserfarben
- Schere

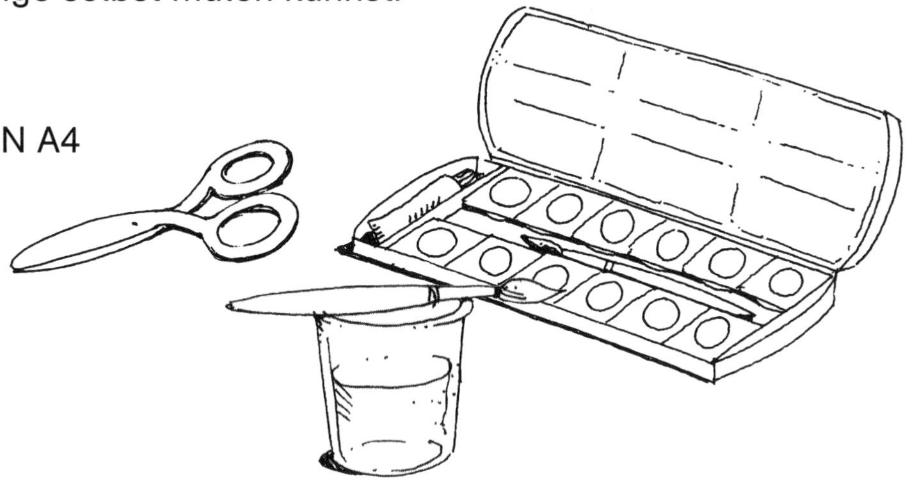

So wird's gemacht:

1. Falte das Zeichenblockblatt an der langen Seite in der Mitte und öffne es wieder.
2. Male mit Pinsel und Wasserfarben auf eine Hälfte des Blattes einen halben Schmetterling: Beginne mit dem Kopf, male dann den Körper und ergänze schließlich den Fühler und die Flügel. Male genau an der Faltkante entlang, sonst bleibt ein weißer Streifen in der Mitte und du erhältst zwei halbe Bilder statt eines ganzen Bildes.
3. Male schnell! Die Farbe muss noch ausreichend nass sein, wenn du nun die zweite Blatthälfte daraufklappst.
4. Streiche mit der flachen Hand von der Faltkante zur offenen Blattkante hin fest über das Blatt.
5. Öffne das Papier wieder und lasse das Bild trocknen.
6. Schneide den Schmetterling aus.

Tipp:

Probiere vorab aus, wie viel Farbe du auftragen musst und wie schnell du zuklappen musst, damit das Gemalte auf der anderen Blatthälfte zu sehen ist.

Schmetterling (2)

Tarnung oder Warnung?

Manche Tiere kannst du nur in der Natur entdecken, wenn du genau hinschaust: Sie passen sich ihrer Umgebung an und sind so vor ihren Feinden geschützt. Sie tarnen sich.

Male diese Schlange in ihrer Umgebung so, dass man sie fast nicht entdecken kann. Wie muss der Hintergrund aussehen?

Andere Tiere haben eine besonders kräftige Farbe, die ihren Feinden sagt: „Bleibt weg von mir, ich bin gefährlich!“ oder „Ich bin giftig!“
Sie warnen ihre Umgebung.

Wähle die Farben der Schlange so, dass sie in ihrer Umgebung gut erkennbar ist. Wie muss der Hintergrund aussehen?

Tipp:
Du kannst der Schlange ein Muster aufmalen und die Umgebung nach deinen Wünschen gestalten.

Name:

Farbenrätsel

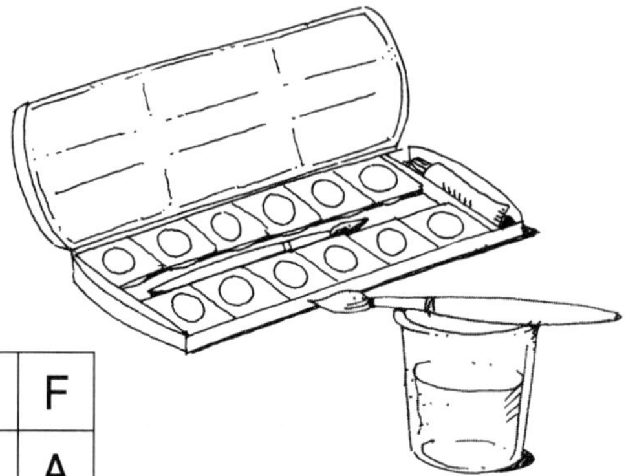

Finde die zwölf Farben und kreise sie ein.

O	H	R	O	S	C	H	D	O	V	I	D	O	F	F
H	E	L	L	B	L	A	U	N	I	N	N	E	D	A
H	L	E	A	L	A	U	N	I	O	A	O	S	U	T
E	L	G	F	D	U	N	K	E	L	G	R	Ü	N	E
R	G	P	S	E	N	G	E	H	E	M	A	R	K	D
S	R	W	C	R	I	L	L	O	T	J	N	G	E	H
T	Ü	I	H	E	L	L	R	O	T	T	G	I	L	Z
I	N	C	W	A	C	H	O	R	T	G	E	L	B	I
M	D	K	A	N	T	E	T	E	R	S	A	T	L	K
M	O	B	R	A	U	N	I	L	G	R	O	S	A	L
T	F	L	Z	E	F	T	E	R	I	S	C	H	U	H

Schreibe die Namen der Farben auf und male ein passendes Farbfeld dazu.

Name:

Farben mischen auf nassem Papier

Male die beiden Felder mit den angegebenen Farben aus.

GELB

BLAU

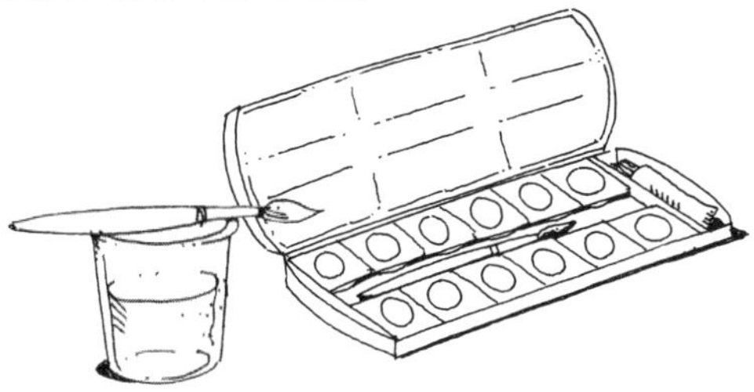

Experimentiere nun mit diesen beiden Farben.

Tauche deinen Pinsel in Wasser und befeuchte das Papier in den drei Kästen. Befolge dann die Anweisungen.

Trage gelbe Farbe auf.

Was passiert? Beschreibe.

Trage gelbe Farbe auf. Male über die feuchte gelbe Farbe zwei blaue Linien.

Was passiert? Beschreibe.

Male ganz dicht nebeneinander mit gelber und blauer Farbe.

Was passiert? Beschreibe.

Name:

Farben mischen auf trockenem Papier

Male die beiden Felder mit den angegebenen Farben aus.

GELB	BLAU

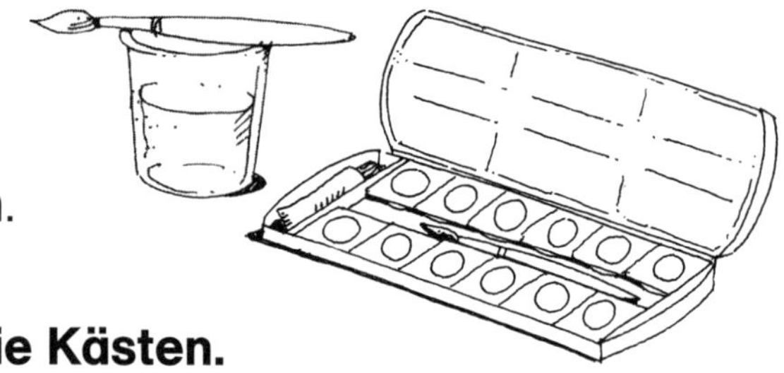

Experimentiere nun mit diesen beiden Farben.

Befolge die Anweisungen und male in die Kästen.

Trage gelbe Farbe auf.

Was passiert? Beschreibe.

Trage gelbe Farbe auf. Male über die getrocknete gelbe Farbe zwei blaue Linien.

Was passiert? Beschreibe.

Trage gelbe Farbe auf. Male über die getrocknete gelbe Farbe zwei blaue Linien. Verwische die Linien mit dem nassen Pinsel.

Was passiert? Beschreibe.

Name: 

Muster malen

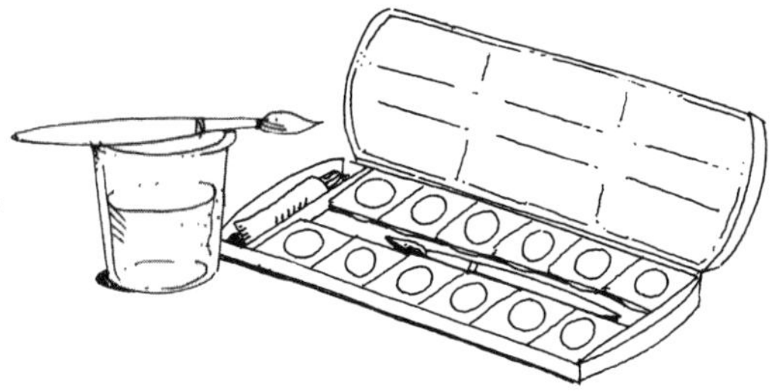

Wenn du über eine noch nasse Farbe mit einer anderen Farbe malst, dann vermischen sich die Farben und es entstehen schöne Muster.

Verwende die Farben Gelb und Blau und male wie angegeben in die Kästen.

1. Trage gelbe Farbe auf.
2. Male auf die feuchte gelbe Farbe blaue Punkte.

1. Trage einen Klecks gelbe Farbe und einen Klecks blaue Farbe auf.
2. Blase mit einem Strohhalm in die feuchten Farben hinein, sodass sich beide Farben mischen.

1. Trage gelbe Farbe auf.
2. Male über die feuchte gelbe Farbe blaue Linien.

1. Male nebeneinander mehrere blaue Linien.
2. Male über die getrockneten blauen Linien gelbe Linien, sodass ein Karomuster entsteht.

Eine Geschichte von Leo Lionni

Leo Lionni arbeitete zuerst er als Maler und Zeichner. Am meisten Spaß machte ihm aber das Schreiben und Gestalten von Kinderbüchern.
Das Buch „Das kleine Blau und das kleine Gelb“ war sein erstes Kinderbuch. Darin erzählt Leo Lionni mit wenigen bunten Papierschnipseln die Geschichte einer Freundschaft.

Das kleine Blau und das kleine Gelb

Das kleine Blau und das kleine Gelb wohnten nebeneinander und waren gute Freunde. Sie spielten, sangen und tanzten miteinander. Eines Tages suchte das kleine Blau das kleine Gelb. Als sie sich endlich trafen, freuten sie sich so sehr, dass sie sich umarmten. Da verschmolzen die beiden zur Farbe Grün. Doch ihre Eltern erkannten sie so nicht. Das machte das kleine Blau und das kleine Gelb sehr unglücklich und beide fingen an zu weinen. Da passierte es: Die beiden lösten sich in blaue und gelbe Tropfen auf, die jeweils einen blauen und einen gelben Farbklecks bildeten. So bekamen das kleine Blau und das kleine Gelb ihre Ursprungsfarbe zurück. Die Eltern der beiden Farbkleckse erkannten ihre Kinder nun wieder und umarmten beide vor Freude. Da bemerkten sie, dass sie durch die Umarmung auch die Farbe Grün annahmen. Sie schämten sich darüber, dass sie ihre Kinder zuvor nicht erkannt hatten.

Spielt die Geschichte mit Pinsel und Malkasten nach.

Welche Teile der Geschichte könnt ihr mit Farbe darstellen?
Wie sieht es beispielsweise aus, wenn die Farben singen, spielen oder tanzen?

Gestaltet zu der Erzählung passende Bilder.
Spielt oder erzählt die Geschichte mit diesen Bildern nach.

Wählt zwei beliebige Farben aus. Macht Mischversuche mit diesen beiden Farben.

Name:

Verschiedene Farbtöne

Farben kannst du genauer beschreiben, wenn du sie mit einem Namenwort zusammensetzt.

Male die Kleckse mit den angegebenen Farben aus. Welche Dinge haben diese Farben? Verbinde.

Gold •	• Nacht
Veilchen •	• Moos
Schnee •	• Zitrone
Kaffee •	• Kastanie
Gras •	• Himmel
Rabe •	• Tomate
Milch •	• Feuer

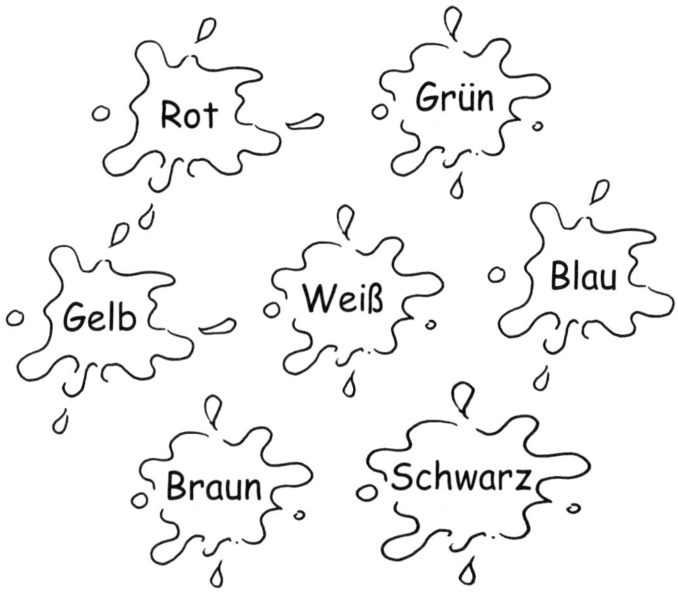

Bilde zu jeder Farbe einen zusammengesetzten Farbnamen. Schreibe auf. Denk dran: Wiewörter schreibst du klein.

Rabe + Schwarz = rabenschwarz

______ + Weiß = ______

______ + Rot = ______

______ + Gelb = ______

______ + Grün = ______

______ + Blau = ______

______ + Braun = ______

6. Kapitel: Spielen im Sommer

Vorbemerkung

Kinder spielen gerne – vor allem im Sommer, wenn es viele Möglichkeiten dafür im Freien gibt. Spiele fördern die kindliche Kreativität und Fantasie und dienen gleichzeitig der Erholung und Entspannung. Im Folgenden werden zahlreiche Spiele vorgestellt, die in der Schule zum Einsatz kommen können, zugleich aber auch als Anregung für eine sinnvolle Freizeitbeschäftigung dienen.

Viele Spiele werden gemeinsam mit einem Partner oder in einer Gruppe gespielt, was gegenseitige Rücksichtnahme und das Einhalten von Regeln erfordert. Gemeinschaftliche Aktionen stärken das Wir-Gefühl und leisten einen wichtigen Beitrag zur positiven Stimmung in der Gruppe.

Die Kinder können sich die Spielanleitungen alleine oder in einer Kleingruppe erarbeiten und anschließend den Mitschülern vorstellen. Alternativ können Sie die Spiele auch im Klassenverband besprechen.

Lehrplanbezug

Fächerübergreifende Lernziele
- Freizeiterziehung
- Soziales Lernen

Sachunterricht
- Spiele mit und ohne Spielzeug kennenlernen
- Spielregeln einhalten, verändern und erfinden
- Möglichkeiten der Freizeitgestaltung erkunden und nutzen

Deutsch
- Einfache Spielanweisungen verstehen
- Gesprächsbereitschaft entwickeln
- Schreibspiele kennenlernen und ausprobieren
- Wortbedeutungen klären und den Wortschatz erweitern
- Das Abc anwenden

Kunst
- Mit Papier gestalten

Zu den Kopiervorlagen

KV Seite 112

Rapunzel im Turm
Vielleicht kennen einige Kinder dieses Schreibspiel bereits unter einem anderen Namen. Es dient der Erweiterung des Wortschatzes und entwickelt zugleich die Rechtschreibung auf spielerische Weise weiter. Bei dem Spiel können alternativ auch zwei Gruppen gegeneinander antreten, wobei jeweils ein anderes Kind einen Buchstaben nennt.

KV Seite 113

Namenwort-Spiel
Dieses Schreibspiel, das auch der Wortschatzerweiterung dient, kann unter dem Stichwort „kreatives Schreiben“ auch im Schulalltag Anwendung finden. Als Voraussetzung sollten die Kinder die Wortart Namenwort sicher von anderen Wortarten unterscheiden können. Das Arbeiten unter Zeitdruck schult gleichzeitig das strukturierte und zügige Arbeiten bei Lernzielkontrollen und Probearbeiten.

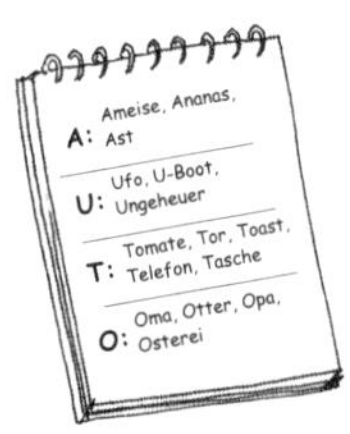

Schreibspiele
Schreibspiele erfordern keine aufwändige Vorbereitung, lediglich Papier und Stifte müssen zur Hand sein. Sie sind eine sinnvolle Tätigkeit sowohl in freien Beschäftigungszeiten in der Schule als auch zu Hause oder unterwegs. Bereits zwei Mitspieler genügen.

Um einen Spielerfolg zu erzielen, sollten folgende Regeln beachtet werden:
- Alle Mitspieler arbeiten ordentlich und schreiben leserlich.
- Alle warten geduldig, bis auch der letzte Mitspieler das Schreiben beendet hat.

Der Einsatz eines Spielleiters bietet sich an, um Streitereien zu vermeiden. Er gibt das Startkommando, überprüft die Zeit und informiert die Mitspieler, wenn die Spielzeit vorbei ist. Er kann auch beim Zusammenzählen von Punkten helfen. Dabei ist es wichtig, dass jedes Kind einmal die Position des Spielleiters einnehmen darf.

KV Seite 114

Das geheime Wort
Dieses Spiel setzt die sichere Kenntnis des Alphabets voraus und dient ebenfalls der Erweiterung des Wortschatzes. Bei der Auswahl der Wörter ist zu beachten, dass sie keinen Buchstaben mehrfach beinhal-

ten dürfen. Gegebenenfalls können Sie den Schülern eine Liste mit geeigneten Wörtern zur Verfügung stellen, aus denen sie ein Wort auswählen.

Die Vorbereitung ist in diesem Fall etwas zeitintensiver und sollte mit den Schülern genau besprochen werden. Klären Sie außerdem gemeinsam, wann ein Buchstabe des Alphabets durchgestrichen und wann er eingekreist wird.

KV Seite 115

Wörterwurm

Dieses Spiel kann sowohl mündlich als auch schriftlich durchgeführt werden. Als Voraussetzung sollten die Kinder die Wortart Namenwort eindeutig feststellen können. Die Spielvariante, bei der jeweils der zweite Teil eines zusammengesetzten Namenworts den ersten Teil des neuen Worts bildet, ist schwieriger und deshalb erst in der zweiten Jahrgangsstufe einsetzbar.

KV Seite 116

Spiele an einem Regentag

Die auf der Kopiervorlage beschriebenen Spiele können sowohl in einer verregneten Unterrichtspause an einem Schulvormittag als auch nachmittags zu Hause durchgeführt werden. Bei der Auswahl wurde darauf geachtet, möglichst verschiedene Spieltypen anzubieten, die den unterschiedlichen Interessen und Neigungen der Kinder gerecht werden: Manche Kinder malen und gestalten gerne (Spiel „Höre dem Regen zu"), andere wollen sich beim Spiel mit anderen messen (Spiel „Blätter blasen"), wieder andere möchten ihren Bewegungsdrang auch bei schlechtem Wetter ausleben (Spiel „Laufende Häuser").

KV Seite 117–119

Spielplatz-Olympiade
Unsere Spielplatz-Olympiade

Die ersten beiden Kopiervorlagen stellen einige Disziplinen vor, die bei einer Spielplatz-Olympiade möglich sind. Die Schüler beschreiben zunächst die Bilder und überlegen, wie die dargestellten Spiele ablaufen könnten. Dann ordnen sie den Spielen passende Namen zu. Auf der zweiten Kopiervorlage (Seite 118) schreiben sie dazu kurze Sätze auf.

Ausgehend von diesen Beispielen können die Kinder angeregt werden, eine ähnliche Aktion in der Schule, eventuell im Rahmen eines Schulvormittags oder eines Klassen-Sportfests, oder in der Freizeit auf einem nahe gelegenen Spielplatz durchzuführen. In einem Kreisgespräch diskutieren die Schüler über die Realisierbarkeit des Vorhabens. Die dafür notwendige Planung kann innerhalb eines Kleinprojekts erledigt werden. Sobald feststeht, dass die Olympiade durchgeführt wird, sind folgende Aktivitäten erforderlich:

- Ortsbegehung
- Vorschläge für mögliche Disziplinen
- Entscheidung über mögliche Disziplinen
- Einbetten der Disziplinen in einen Parcours
- Besprechen des Ablaufs
- Bestimmen eines oder mehrerer Spielführer
- Festlegen des Zeitfaktors

Auch folgende Überlegungen sollten eine Rolle spielen:

- Welche Kleidung ist geeignet? (Kleidung zum Wechseln)
- Welche und wie viele Speisen und Getränke werden benötigt?
- Wie schützen wir uns vor der Sonne?
- Was machen wir während der Wartezeiten?
- Wie können wir einander helfen? …

Da es sich sowohl bei der Planung als auch bei der Durchführung um eine Gruppenleistung handelt, sollten die folgenden Regeln als Grundlage dieser Aktion festgelegt werden:

- Die Idee wird von einem Gemeinschaftsgedanken getragen, d.h. alle ziehen an einem Strang.
- Sportlich stärkere Mitschüler nehmen auf schwächere Schüler Rücksicht.
- Schwächere Schüler haben die Möglichkeit, sich in den Bereichen zu beweisen, wo es ihre Stärken zulassen.
- Niemand wird ausgegrenzt.

Auf diese Weise kann ein solches Projekt sich langfristig positiv auf das Zusammengehörigkeitsgefühl in der Klasse auswirken.

KV Seite 120

Spiele mit Wasser

Die beiden hier vorgestellten Wettspiele sind für große Gruppen an einem heißen Sommertag geeignet. Die Umsetzung kann beim Sportunterricht im Freien oder im Zusammenhang mit dem sachunterrichtlichen Thema Wasser erfolgen.

KV Seite 121/122

Die Flugschau
Ein Papierflieger

Am Beispiel der Flugschau wird eine Möglichkeit vorgestellt, wie die Kinder in ihrer Freizeit mithilfe eines selbst gebastelten Gegenstands eine kleine Aktion mit Freunden durchführen können.

Papierflieger sind beliebte Faltobjekte, die die Feinmotorik schulen und genaues Arbeiten erfordern. Das auf der zweiten Kopiervorlage vorgestellte Modell ist auch für ungeübte Bastler geeignet, da die Faltungen immer nur in einer Richtung vorzunehmen sind. Die Kinder können Anleitungen für weitere Flugmodelle in Bastelbüchern oder im Internet finden und nacharbeiten.

Diese Aktion kann auch im Zusammenhang mit dem sachunterrichtlichen Thema Luft durchgeführt werden.

KV Seite 123/124

Murmelspiele

Die beiden Kopiervorlagen stellen vier Murmelspiele vor, die auf DIN-A5-Karten angeordnet sind, und so – mit Folie überzogen oder laminiert – den Kindern als Merkhilfe dienen. Die Karten können im Klassenzimmer im Rahmen einer Spielekartei angeboten werden, aus der interessierte Kinder Karten ausleihen können. In Anlehnung an den vorgegebenen Aufbau der Karteikarten können die Kinder weitere Karten mit eigenen Spielbeschreibungen ergänzen. Bei der Auswahl wurde darauf geachtet, dass die Anzahl der Mitspieler, der Untergrund und die benötigten Materialien variieren.

Bei „Treib die Kühe von der Weide“ müssen zwei Tätigkeiten gleichzeitig ausgeführt werden, um ans Ziel zu gelangen. Einerseits muss die geworfene Kugel im Blickfeld bleiben, andererseits soll eine ruhende Kugel über eine Linie hinausgeschoben werden.

Bei „Verfolgungsjagd“ soll eine rollende Murmel getroffen werden. Dabei muss die Entfernung richtig abgeschätzt werden und die Auge-Hand-Koordination beim Zielen stimmen.

Bei „Ab in die Grube!“ werden die Murmeln auf ein Ziel geworfen bzw. geschnippt. Die Zielgenauigkeit beim Werfen sowie der richtige Schwung beim Schnippen der Murmel stehen hier im Vordergrund.

Bei „Bingo“ kommt es neben der Auge-Hand-Koordination auch darauf an, die Absicht des Gegners zu erkennen und für den eigenen Vorteil zu nutzen. Treffsicherheit ist unablässig, um eine Kugel aus einem besetzten Feld gezielt zu entfernen.

Murmelspiel

Das Murmelspiel ist ein sehr altes Kinderspiel, das es bereits in der Antike gab. Je nach sozialem Stand spielten Kinder im Laufe der Jahrhunderte mit Murmeln aus Ton, Glas oder Stein – oder einfach mit Nüssen. Zu Beginn des 20. Jahrhunderts kamen Murmelspiele ganz besonders in Mode. Kinder spielten überall, wo Sand, Wiese oder ein gepflasterter Weg vorhanden waren: in Höfen, in Gassen, auf Straßen und in Gärten.

Je nach Region wird das Murmelspiel ganz unterschiedlich bezeichnet, z. B. als Klickern, Marbeln, Schnellern oder Schussern.

KV Seite 125

Hüpfspiele

Auch bei Hüpfspielen handelt es sich um eine sehr alte Freizeitbeschäftigung, für die keine Materialien erforderlich sind und die daher jederzeit durchführbar ist. Die Formen der Kästchen und die darin zu erledigenden Aufgaben können jederzeit individuell variiert werden. Die beiden vorgestellten Hüpfspiele passen zum Lernstoff der Unterrichtsfächer Deutsch und Sachunterricht in der ersten und zweiten Jahrgangsstufe.

Das Spiel „Buchstabenhüpfen“ dient neben dem Training von Wörtern mit gleichen Anlauten auch der Wortschatzerweiterung. Über die drei Spielvorschläge hinaus

lassen sich viele weitere finden, die den Schwierigkeitsgrad auf unterschiedliche Weise erhöhen, sodass das Spiel über einen längeren Zeitraum attraktiv ist.

Beim Hüpfspiel „Die Woche“ wird auf spielerische Weise die korrekte Reihenfolge der Wochentage eingeübt. In abgewandelter Form kann dieses Spiel auch mit den Monatsnamen gespielt werden.

KV Seite 126/127

Spiel-und-Spaß-Planer

Diese beiden Kopiervorlagen bieten Kindern, die in den Ferien nicht verreisen können, zahlreiche Anregungen dafür, wie sie auch zu Hause eine interessante und spannende Urlaubszeit verbringen können. Die vier Karten erleichtern den Start in die Thematik. Die Schüler bringen Zeitungen und Veranstaltungskalender in die Schule mit. Sie erarbeiten gemeinsam Vorschläge, tragen diese zusammen und füllen in Gemeinschaftsarbeit die Kärtchen des Planers aus. Weitere Karten können hergestellt werden, um eigene Ideen, Spiele oder Ähnliches unterzubringen. Der Fantasie sind dabei keine Grenzen gesetzt.

Den Spiel-und-Spaß-Planer können die Kinder aber auch auf eine Urlaubsreise mitnehmen. Dann tragen sie alle dort besuchten Plätze und Veranstaltungen ein. So wird aus dem Spiel-und-Spaß-Planer ein kleines Ferientagebuch, aus dem die Schüler im kommenden Schuljahr den Klassenkameraden vorlesen – oder das einfach der Erinnerung an eine schöne Zeit dient.

In diesem Zusammenhang können die Kinder auch angeregt werden, ein Sommerferien-Schatzkästchen anzulegen. Das kann eine Schuhschachtel sein, die schön verziert wird. Darin werden nicht alltägliche Dinge gesammelt, die an die Ferienzeit erinnern und einfach als „etwas Besonderes“ empfunden werden. Das können neben Eintrittskarten auch Muscheln, Vogelfedern, Steine oder Schneckenhäuser sein.

KV Seite 128

Ein toller Ferientag!

Auf dieser Kopiervorlage bringen die Kindern ihre individuellen Wünsche für einen ganz besonderen Ferientag zu Papier. Den Zugang zu dieser Thematik können die Schüler anhand einer Fantasiereise finden, in der Sie einen fiktiven Ferientag vorstellen. Im Anschluss daran gestalten die Kinder ihren eigenen Ferientag und ordnen ihre Wünsche den vorgegebenen Tageszeiten zu. Auf freiwilliger Basis stellen die Schüler in einem Kreisgespräch ihren idealen Ferientag den Klassenkameraden vor. Nach den Ferien kann das Thema nochmals aufgegriffen werden, indem die Kinder erzählen, inwieweit ihre Vorstellung von einem tollen Ferientag in Erfüllung gegangen ist.

Rapunzel im Turm

Spieler: zwei oder mehr

Beispiel:

Sonnenuhr

_ _ _ _ _ _ _ _ _

„E“, „N“

_ _ N N E N _ _ _

S O N N E N U H R

So wird gespielt:

- Ein Kind überlegt sich ein längeres Wort.
- Für jeden Buchstaben macht es einen Strich auf einen Zettel.
- Die Mitspieler versuchen nun, das Wort zu erraten, indem sie einzelne Buchstaben nennen.
- Kommt der genannte Buchstabe im Wort vor, trägt ihn das Kind an der richtigen Stelle auf dem Strich ein. Kommt ein Buchstabe mehrmals im Wort vor, wird er auch mehrmals eingetragen.
- Für jeden Buchstaben, der nicht im Wort vorkommt, zeichnet das Kind Strich für Strich Rapunzel im Turm.

Sieger ist, wer das Wort herausgefunden hat, bevor Rapunzel im Turm sitzt. Ist die Zeichnung vollständig, bevor das Wort geraten wurde, hat das Kind gewonnen, das sich das Wort ausgedacht hat.

So zeichnest du Rapunzel im Turm:

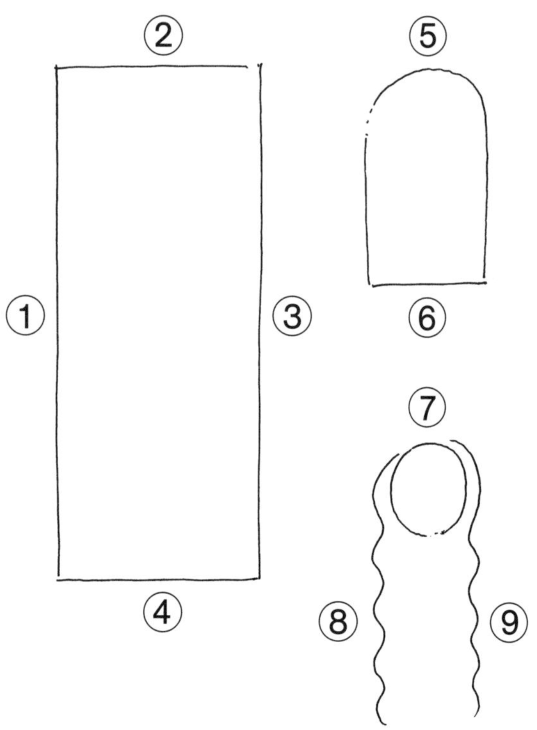

So sieht Rapunzel im Turm aus:

Namenwort-Spiel

Spieler: zwei oder mehr
Zeit: drei Minuten pro Runde

So wird gespielt:
- Einigt euch auf ein Namenwort.
- Jeder Spieler schreibt die Buchstaben dieses Wortes in großen Druckbuchstaben untereinander.
- Auf das Startkommando schreibt ihr hinter jeden Buchstaben möglichst viele Namenwörter mit diesem Anfangsbuchstaben.
- Für jedes Wort wird ein Punkt vergeben.
- Steht bei einem Buchstaben kein Wort, wird ein Punkt abgezogen.

Sieger ist, wer die meisten Wörter gefunden hat.
Wenn mehrere Spieler dasselbe Wort nennen, wird es bei keinem gezählt.

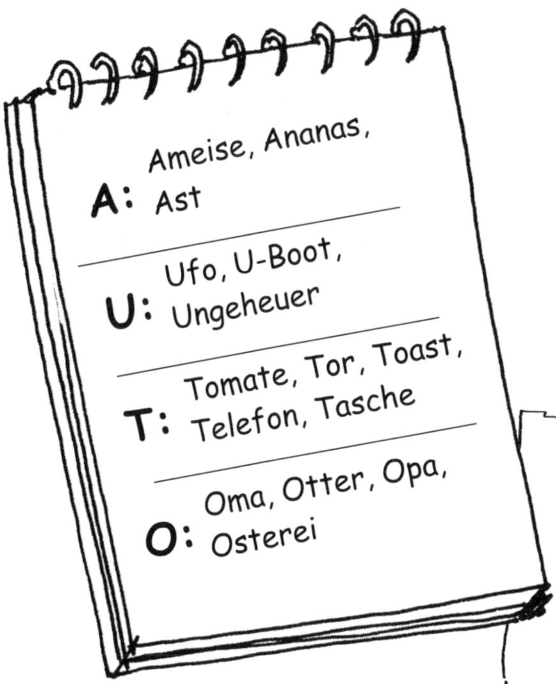

Einige Tipps:
- Verwende liniertes Papier oder ziehe zwischen den Buchstaben mit Lineal eine Linie. So wird der Zettel übersichtlicher.
- Halte dich nicht zu lang bei einem Buchstaben auf.
- Wähle kurze Wörter: „Saft“ zählt genauso viel wie „Sauerstoffflasche“.

Das geheime Wort

A B C D E F G H I J
K L M N O P Q R S T
U V W X Y Z Ä Ö Ü

Spieler: zwei

So wird gespielt:
- Jeder Spieler faltet ein Blatt Papier in der Mitte.
- Auf eine Außenseite des Blattes schreiben beide alle Buchstaben des Abc und die Umlaute Ä, Ö, Ü.
- Jeder Spieler überlegt sich ein Wort mit vier Buchstaben. Jeder Buchstabe darf im Wort nur einmal vorkommen. Dieses Wort schreibt er auf die Innenseite des Blattes.
- Ein Kind nennt nun einen Buchstaben. Der Partner überprüft, ob dieser Buchstabe in seinem Wort vorkommt. Wenn ja, kreist das Kind den Buchstaben in seinem Abc ein. Wenn nein, wird der Buchstabe im Abc durchgestrichen.
- Dann nennt der Partner einen Buchstaben.
- Die beiden Spieler befragen sich so lange, bis einer alle vier Buchstaben erraten hat. Sieger ist, wer als Erster das Wort des Partners nennen kann.

So notierst du, welche Buchstaben du schon erfragt hast und welche im Wort vorkommen:

A B C D E F G H I J
K L M N O P Q R S T
U V W X Y Z Ä Ö Ü

Tipps:
- Schwieriger wird es, wenn ihr längere Wörter verwendet.
- Für das nächste Spiel könnt ihr die Rückseite eurer Blätter benutzen.

Wörterwurm

Spieler: zwei oder mehr
Zeit: drei Minuten für jede Runde

So wird gespielt:

- Einigt euch auf ein Namenwort und schreibt es auf einen Zettel. Der letzte Buchstabe jedes Wortes ist jeweils der erste Buchstabe des folgenden Wortes. Zum Beispiel: Baum – Maus – Sofa – Ampel – …
- Nach dem Startsignal schreibt jedes Kind in drei Minuten auf diese Weise einen möglichst langen Wörterwurm auf.

Sieger ist, wer in der vorgegebenen Zeit die meisten Wörter aufgeschrieben hat. Wörter, die mehrmals verwendet wurden, werden nur einmal gezählt.

Übrigens:
Schwieriger wird es, wenn ihr ein zusammengesetztes Namenwort für den Wörterwurm auswählt. Der zweite Teil des Wortes ist dann der erste des nächsten Wortes.

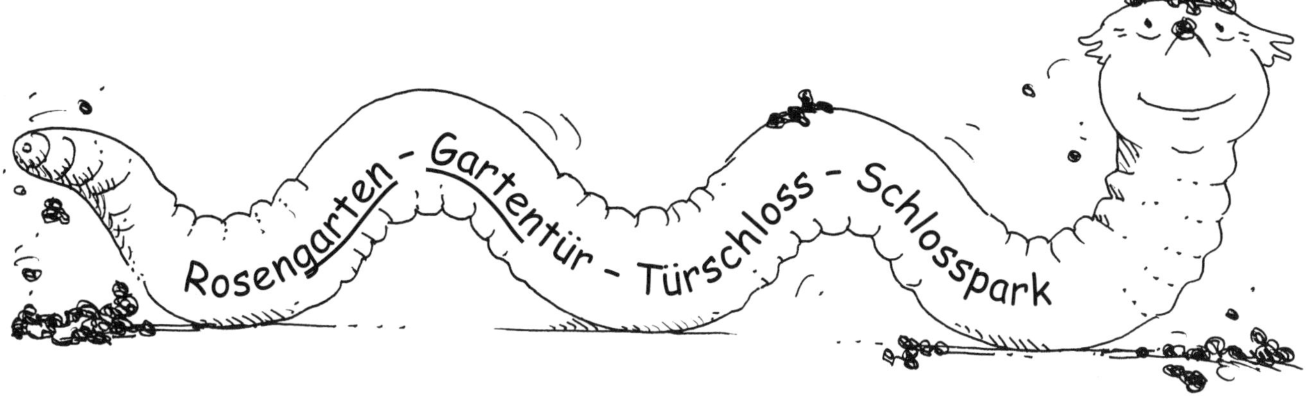

Spiele an einem Regentag

Diese Spiele sind für Regentage gedacht. Probiere sie aus!

Höre dem Regen zu

- Male mit Farbstiften die Regengeräusche mit Punkten auf ein Blatt Papier. Wie ist es am Anfang, wie später, wenn der Regen nachlässt? Verändert sich die Anzahl der Punkte?
- Verwende verschiedene Farben, dann macht es doppelt Spaß!

Blätter blasen

- Jedes Kind sucht sich draußen das Blatt eines Baumes. Wählt die gleiche Baumart.
- Legt die Blätter, wenn sie trocken sind, nebeneinander auf den Tisch.
- Versucht nun, das Blatt durch Pusten von einer Tischseite zur anderen zu befördern.

Das ist gar nicht so leicht, wie du vielleicht denkst.

Laufende Häuser

- Alle Mitspieler versammeln sich unter einem schützenden Dach.
- Dort stülpt sich ein Kind einen großen Karton über den Kopf, der bis zu den Knien reichen sollte. Dieser Karton schützt zwar gegen den Regen, man kann darin aber nichts sehen.
- Unter diesem Karton soll das Kind nun einen bestimmten Zielpunkt erreichen. Wer kommt am wenigsten vom direkten Weg ab?

Achtung: Passt auf, dass dem „laufenden Haus" nichts passiert!

Name:

Spielplatz-Olympiade (1)

Womit und wie spielen die Kinder? Beschreibe.

1

3

2

4

6

5

Wie könnten die Spiele heißen?
Ordne den Namen ein passendes Bild zu.

◯ Baumeister

◯ Im Gleichgewicht

◯ Rückwärtslauf

◯ Rutschpartie

◯ Einbeinlauf

◯ Sandkastenwettlauf

Name:

Spielplatz-Olympiade (2)

Schreibe auf, was die Kinder bei den Spielplatz-Spielen machen.

Baumeister:

Im Gleichgewicht:

Rückwärtslauf:

Sandkasten-wettlauf:

Einbeinlauf:

Rutschpartie:

Unsere Spielplatz-Olympiade

Organisiert mit euren Freunden/Klassenkameraden eine Spielplatz-Olympiade.

So könnt ihr vorgehen:

- Überlegt gemeinsam, welche Sportarten auf eurem Spielplatz möglich sind. Zum Beispiel:

Baumeister

Im Gleichgewicht

Rückwärtslauf

Sandkastenwettlauf

Einbeinlauf

Rutschpartie

- Legt für die gefundenen Disziplinen eine Reihenfolge fest.
- Schreibt Plakate mit den Namen der Disziplinen und stellt sie an der jeweiligen Station auf.
- Findet gemeinsam Regeln für den Ablauf der Olympiade.

Einige Tipps:

- Während eine Mannschaft die Disziplinen nacheinander ausführt, stoppt die zweite Mannschaft die Zeit, die alle gemeinsam für einen Durchlauf benötigen. Danach wird gewechselt.
- Wählt einen Spielleiter, der überprüft, ob alles richtig gemacht wurde.

Spiele mit Wasser

An heißen Sommertagen machen Spiele mit Wasser besonders viel Spaß. Bei diesen Spielen treten zwei oder mehr Mannschaften gegeneinander an.

Feuerwehr

Ihr braucht für jede Mannschaft:
- Eimer mit Wasser
- Becher
- leere Schüssel

So wird gespielt:
1. Die Mannschaften stellen sich hintereinander mit gegrätschten Beinen auf. Vor dem ersten Kind steht jeweils der mit Wasser gefüllte Eimer, hinter dem letzten Kind wird jeweils die leere Schüssel aufgestellt.
2. Nach dem Startsignal füllt das erste Kind jeder Mannschaft den Becher mit dem Wasser aus dem Eimer. Es reicht den vollen Becher durch die gegrätschten Beine an seinen Hintermann. Auf diese Weise wird der Becher durch die ganze Mannschaft gereicht.
3. Das letzte Kind in der Reihe gießt das im Becher noch vorhandene Wasser in die hinter ihm stehende Schüssel.

Welche Mannschaft schafft es als Erste, ihre Schüssel bis zum Rand mit Wasser zu füllen?

Wassertransport mit Schwamm

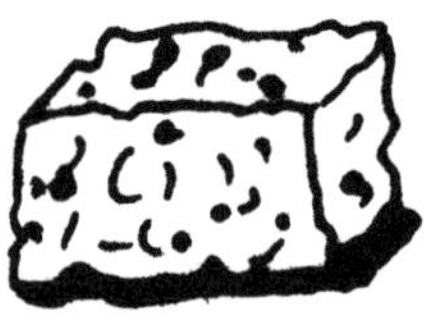

Bei diesem Spiel benötigt jede Gruppe statt eines Bechers einen Schwamm.
Die Mannschaften transportieren das Wasser bei einem Staffellauf von einem Eimer in eine in etwa 10 Meter entfernt stehende Schüssel.
Dafür tauchen die Kinder den Schwamm in das Wasser, laufen mit dem nassen Schwamm zur Schüssel und wringen ihn dort aus.

Die Flugschau

Gemeinsam mit euren Freunden oder Klassenkameraden könnt ihr eine Flugschau mit Papierfliegern veranstalten.

Faltet verschiedene Papierflieger.

Jeder Teilnehmer bastelt einen eigenen Papierflieger.

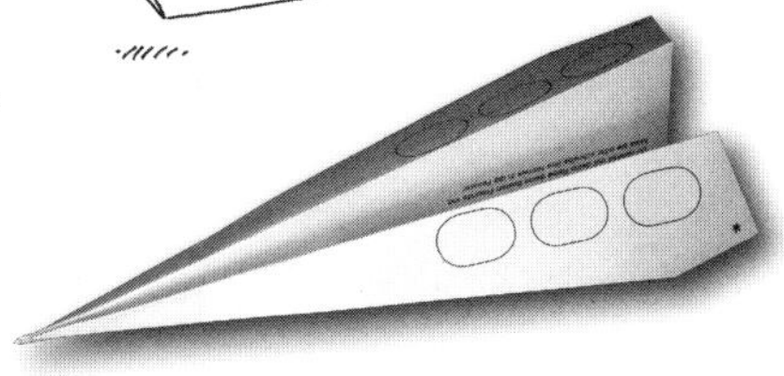

Verschiedene Modelle sind erlaubt.

Denke beim Falten daran:

- Verwende kein zu dünnes und kein zu schweres Papier.
- Fahre die Kanten nach jedem Falten mit dem Fingernagel nach.
- Falte ganz genau, denn schief gefaltete Flieger bleiben häufig nicht lange in der Luft.

Probiere verschiedene Modelle eines Fliegers aus.
Probiere aus, wie du deinen Papierflieger werfen musst, damit er möglichst weit gleitet. Kann dein Papierflieger auch einen Looping machen?

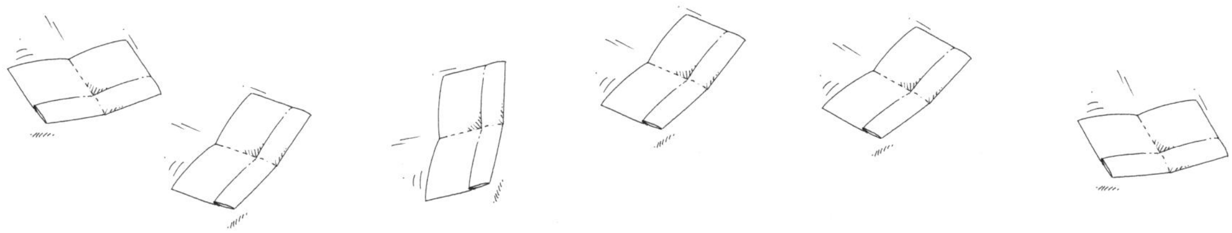

So läuft die Flugschau ab.

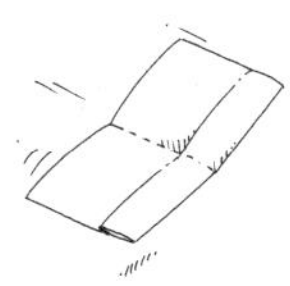

1. Alle Teilnehmer werfen von einem vorgegebenen Startpunkt ihren Papierflieger.
2. Die Entfernung zwischen Abwurfort und Landeort wird mit einer Schnur gemessen.
3. Die Ergebnisse werden notiert. Welche Papierflieger haben die längsten Strecken zurückgelegt?
4. Die Sieger bekommen bei der Siegerehrung einen kleinen Preis.

Tipp:
Wenn ihr eure Papierflieger farbig anmalt, könnt ihr den schönsten und originellsten noch prämieren.

Ein Papierflieger

Du brauchst:
quadratisches Papier (20 x 20 cm)

So wird's gemacht:

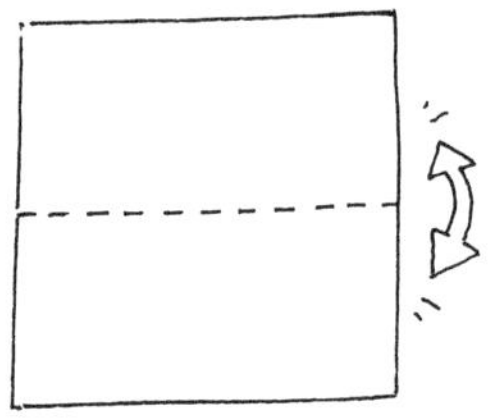

1. Falte das Blatt einmal in der Mitte und öffne es wieder.

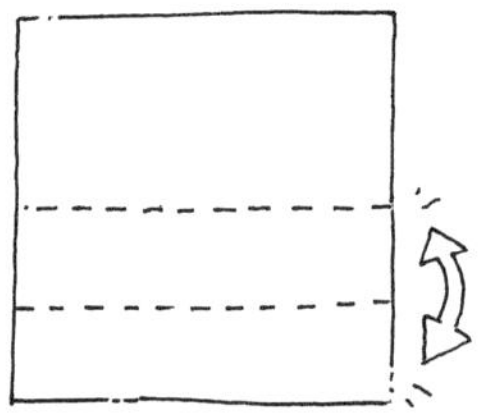

2. Falte die untere Blatthälfte auf die Faltlinie in der Mitte und wieder zurück.

3. Falte nun wieder die untere Blatthälfte zu der soeben entstandenen Faltlinie und knicke sie wieder zurück.

4. Klappe diesen doppelten Streifen an den Faltlinien noch dreimal nach oben, sodass du einen dicken Papierstreifen erhältst.

5. Falte den Flieger jetzt einmal der Länge nach in der Mitte und klappe ihn wieder auf. Fertig!

So fliegt dieser Flieger:
Greife den Flieger auf der Seite des Papierstreifens so, dass der Zeigefinger oben auf der Mittellinie ist. Alle anderen Finger befinden sich auf der Unterseite. Wirf den Papierflieger kräftig von dir weg.

Murmelspiel: Treib die Kühe von der Weide

Spieler: zwei
Untergrund: Sandweg oder Pflaster
Vorbereitung: einen Kreis mit einer Schnur legen oder mit Kreide aufmalen

So wird gespielt:

- Die Spieler legen fest, wie viele Runden sie spielen wollen.
- Sechs Murmeln werden als Kühe in einen kleinen Kreis (die Weide) gelegt.
- Der erste Spieler wirft eine Murmel hoch. Während diese in der Luft ist, versucht er, eine „Kuh" von der „Weide" zu schieben. Anschließend muss er die geworfene Kugel wieder mit einer Hand auffangen.
- Der zweite Spieler ist dran, wenn dem ersten Spieler die geworfene Kugel auf den Boden fällt oder er es nicht geschafft hat, eine Kuh von der Weide zu treiben. Dann werden wieder sechs Murmeln in den Kreis gelegt.
- Die Anzahl der Kühe, die von der Weide getrieben wurden, zählen als Punkte. Wer hat nach den Runden die meisten Punkte?

Murmelspiel: Verfolgungsjagd

Spieler: drei oder mehr
Untergrund: ebener, glatter Boden
Vorbereitung: Startlinie ziehen oder mit Kreide aufmalen

So wird gespielt:

- Von einer Startlinie aus wirft ein Spieler eine große Glasmurmel.
- Kurz darauf gibt er das Kommando: „Los!"
- Alle übrigen Mitspieler werfen von der Startlinie aus ihre Murmeln und versuchen, die große rollende Kugel zu treffen.
- Wer das schafft, ist Sieger und darf in der nächsten Runde die große Murmel werfen und das Kommando geben.

Murmelspiel: Ab in die Grube!

Spieler: zwei oder mehr
Untergrund: sandiger Boden, Sandkasten
Vorbereitung: in den Sand eine Grube graben; zwei Meter davon entfernt eine Wurflinie ziehen

So wird gespielt:

- Die Spieler versuchen, nacheinander vier Murmeln in die Grube zu werfen. Jeder Treffer zählt einen Punkt.
- Im nächsten Durchgang werden die außerhalb liegen gebliebenen Murmeln mit den Fingern in die Grube geschnippt. Es dürfen auch Murmeln der Mitspieler geschnippt werden, nicht nur die eigenen.
- Für jede Murmel, die so in die Mulde fällt, erhält der Spieler je einen Punkt.
- Liegen keine Murmeln mehr außerhalb der Mulde, so nimmt der Spieler, der an der Reihe wäre, eine Murmel aus der Grube und wirft sie wieder von der Startlinie aus.
- Gewonnen hat der Spieler, der als Erster elf Punkte erreicht hat.

Murmelspiel: Bingo

Spieler: zwei
Untergrund: gepflasterter, glatter Boden
Vorbereitung: mit Kreide das Spielfeld aufmalen und eine Wurflinie in etwa zwei Meter Entfernung ziehen

So wird gespielt:

- Jeder Spieler hat Murmeln in einer anderen Farbe.
- Jeder Spieler wirft abwechselnd eine Murmel auf das Spielfeld, sodass sie in einem Feld liegen bleibt.
- Murmeln des Gegners dürfen auch aus einem Feld herausgeschossen werden.
- Sieger ist, wer als Erster drei seiner Murmeln in drei nebeneinander liegenden Feldern (waagrecht, senkrecht oder diagonal) platziert hat.

Hüpfspiel: Buchstabenhüpfen

Spieler: zwei oder mehr
Vorbereitung: Male auf den Boden ein Feld mit 26 Kästchen. Schreibe die Buchstaben des Abc ungeordnet hinein.

E	Z	I	Y	B	O	
T	N	U	G	V	K	M
H	P	A	R	L	X	F
W	D	Q	J	C	S	

So wird gespielt:

- Hüpfe die Buchstaben deines Namens. Hüpfst du falsch, kommt das nächste Kind dran.
- Oder: Springe von Feld zu Feld. Dabei musst du jedes Mal ein Wort nennen, das mit dem entsprechenden Buchstaben anfängt. Kommst du beim Springen aus dem Gleichgewicht oder fällt dir kein Wort ein, ist das nächste Kind dran.
- Oder: Hüpfe das Abc. Kommst du aus dem Gleichgewicht oder hüpfst falsch, ist das nächste Kind an der Reihe.

Hüpfspiel: Die Woche

	Samstag	
Donnerstag	Sonntag	Freitag
	Mittwoch	
	Dienstag	
	Montag	

So wird gespielt:

- Wirf ein Steinchen in das Montagsfeld und hüpfe dann alle übrigen Wochentage der Reihe nach auf einem Bein vorwärts und rückwärts ab. Überspringe das Feld, in dem das Steinchen liegt.
- Hebe beim Zurückhüpfen das Steinchen, auf einem Bein stehend, wieder auf.
- Wirf dann das Steinchen in das Dienstagsfeld und hüpfe wieder. So geht es weiter, bis der Stein einmal in jedem Wochentagsfeld gelegen hat.
- Der nächste Spieler ist an der Reihe, wenn das Kind falsch hüpft oder eine unerlaubte Pause macht.

Hüpfe ins Donnerstags- und Freitagsfeld mit beiden Beinen gleichzeitig.

Drehe dich beim Samstag um und hüpfe ins Sonntagsfeld.

Bleibe im Sonntagsfeld mit beiden Beinen stehen und ruhe dich aus.

Spiel-und-Spaß-Planer

Stell dir vor, du bekommst in den Ferien Besuch: deine Brieffreundin/dein Brieffreund oder deine Cousine/dein Cousin wollen einige Tage bei dir verbringen.

Was kannst du mit deinem Gast unternehmen?
Sammle auf den Karten des Spiel-und-Spaß-Planers Vorschläge.

Die Karten geben dir Tipps, wonach du in der Zeitung oder im Internet suchen kannst. Gestalte weitere Karten mit eigenen Ideen, wie du die Freizeit verbringen möchtest.

Du brauchst:
- Kopiervorlage „Spiel-und-Spaß-Planer“
- Bleistift und Farbstifte
- Schere
- Klammerhefter

So wird's gemacht:
1. Fülle die Kärtchen aus und male die Bilder aus.
2. Schneide die Kärtchen aus.
3. Lege alle Kärtchen übereinander und heftе sie an der Seite zusammen.

Tipp:
Wenn du den Planer auf eine Urlaubsreise mitnimmst, kannst du darin aufschreiben, was du alles gesehen und erlebt hast. Dann solltest du weitere weiße Blätter dazwischenheften. So wird aus dem Planer ein kleines Urlaubstagebuch.

Spiel-und-Spaß-Planer

Karte 1

Kino

Theater

Konzert

Veranstaltungen

von ____________ bis ____________

Wo und was?	Datum	Uhrzeit

Spiel-und-Spaß-Planer

Karte 2

Diese Sehenswürdigkeiten können wir besuchen:

Wo und was?	Öffnungszeiten

Spiel-und-Spaß-Planer

Karte 3

An diesen Plätzen gibt es auch viel zu entdecken:

Wo und was?	Wissenswertes

Spiel-und-Spaß-Planer

Karte 4

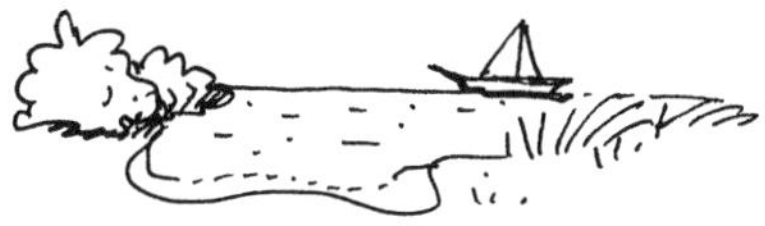

Ab ins kühle Nass!

Wo?	Öffnungszeiten

Name:

Ein toller Ferientag!

In den Ferien kannst du deine Zeit selbst einteilen. Vielleicht kannst du auch einen ganzen Tag so verbringen, wie du es dir immer schon gewünscht hast.

Was würdest du an einem Ferientag gerne tun? Schreibe es auf.

Am Morgen:

Am Vormittag:

Am Mittag:

Am Nachmittag:

Am Abend:

In der Nacht:

Gib dieses Blatt deinem Vater oder deiner Mutter. Lass dich von ihnen überraschen.

